법률,
쉽게 풀다

모르면 손해, 알면 생존! 대한민국 법률 국가대표의 처방전

법률, 쉽게 풀다

모르면 손해, 알면 생존! 대한민국 법률 국가대표의 처방전
변호사, 회계사, 노무사가 알려주는 생활법률 Q&A

초판 1쇄 발행 2025년 10월 1일

지은이 배수득, 홍웅기, 홍인기, 유판영, 김담희
펴낸이 장길수
펴낸곳 지식과감성#
출판등록 제2012-000081호

교정 한장희
디자인·편집 윤혜성
검수 이주연
마케팅 김윤길

주소 서울시 금천구 벚꽃로298 대륭포스트타워6차 1212호
전화 070-4651-3730~4
팩스 070-4325-7006
이메일 ksbookup@naver.com
홈페이지 www.knsbookup.com

ISBN 979-11-392-2833-5(03360)
값 25,000원

- 이 책의 판권은 지은이에게 있습니다.
- 이 책 내용의 전부 또는 일부를 재사용하려면 반드시 양측의 서면 동의를 받아야 합니다.
- 잘못된 책은 구입하신 곳에서 바꾸어 드립니다.

지식과감성#
홈페이지 바로가기

모르면 손해, 알면 생존! 대한민국 법률 국가대표의 처방전

법률, 쉽게 풀다

지은이 배수득
홍웅기 홍인기
유판영 김담희

변호사 · 회계사 · 노무사가 알려주는 생활법률 Q&A

| 민·형사·행정 사건 | 사업 운영, 임대차, 소비자 권익 | 직장생활 인사/노무 전반 | 퇴직연금 설계 노하우 |

각 분야의 전문가인 변호사, 회계사, 노무사가 함께 모였다!

지식과감성#

목차

저자의 말
배수득 변호사 ··· 014
홍웅기 변호사 ··· 016
홍인기 변호사 ··· 018

추천사
김주현 前 민정수석비서관 | 前 대검찰청 차장검사/검찰총장 직무대행 ········ 020
주호영 現 국회부의장 | 前 부장판사 ··· 021
어예진 現 SBS 라디오 '어예진의 방과후 목돈연구소' 진행자 | 現 해담경제연구소 소장 | 前 한국경제TV 기자 ···· 022

제 1 장
재판일반, 민사/행정사건

민형사 재판	'피고', '피고인' 뭐가 다른가요? ································	026
항소 실익	1심에서 패소했어요. 항소하면 2심에서 이길 수 있을까요? ················	028
사실심, 법률심	2심에서 패소했어요. 상고하면 3심에서 이길 수 있을까요? ················	030
파기환송, 파기자판	대법원의 파기환송, 파기자판이 뭔가요? ················	032
판결문	사건 당사자가 아닌데 판결문을 확인할 수 있는 방법이 있나요? ··················	034
증명책임	증거는 원고, 피고 중 누가 제출해야 하나요? ············	036
증거 확보	증거가 불충분한데 소송에서 이길 수 있을까요? ·········	038
소멸시효	가장 황당한 패배, 소멸시효 ······························	040

투자금 반환	'투자'냐 '대여'냐 그것이 문제로다!	042
위약금	계약서에 위약금 조항을 넣고도 손해 보는 경우가 있다? 아무도 알려 주지 않은 위약금 조항의 함정!	044
계약 해지	뉴진스의 계약해지는 무모했을까. 계약해지 전 거듭 숙고해야 하는 사항은?	046
가계약금	가계약금만 지급된 경우, 그 배액만 지급하면 계약을 해제할 수 있나요?	048
동업계약	언제나 함께할 것 같았던 동업계약, 헤어질 준비가 되어 있나요?	050
변호사비용	억울한 소송을 당해서 변호사비용을 썼는데 보전받을 수 있을까요?	052
정보공개청구	정보공개청구에 대해 궁금합니다!	054
행정심판의 효용성	행정청의 처분에 대해 다투고 싶어요. 행정심판을 청구할까요, 아니면 바로 행정소송을 제기할까요?	056
행정소송의 효용성	취소소송을 제기하여 승소가 확정되었는데, 행정청이 같은 처분을 다시 내렸어요. 어떡하죠?	058

제 2 장

부동산

특약사항	부동산 계약서에 특약을 넣으면 무조건 유효한가요?	062
다세대주택, 다가구주택	다세대주택과 다가구주택, 뭐가 다른가요? 겉보기엔 비슷해 보여서요.	064
신탁부동산의 임대차	임대차계약을 체결하려고 보니, 등기부에 신탁등기가 있는데 임대차계약을 체결해도 될까요?	066
계약갱신권	집주인이 보증금을 증액해야만 전월세 갱신을 해 주겠다는데 어떻게 하죠?	068
권리금 회수	특정 업종을 영위하는 신규 임차인과의 계약 거부가 권리금 회수 방해일까요?	070
명도소송	임대차계약 종료 후 세입자가 나가지 않을 때 명도소송을 하면 되나요?	072

임대차 종료	임대인으로부터 보증금을 돌려받기 위한 전제 조건이 무엇인가요? ······ 074
임대차등기명령	보증금을 돌려받지 못한 상태에서 이사를 가야 할 때 반드시 해야 하는 것은? ······ 076
보증금 반환 청구	계약이 끝났는데 임대인이 보증금을 안 돌려줘요. 어떻게 하죠? ······ 078
경매 절차 대응	임차해 살던 집이 경매에 넘어갔어요. 임차인이 보호받을 수 있나요? ······ 080
전세사기 종합 사례	깡통전세와 전세사기, 무엇이 달라요? ······ 082
안전한 임대차계약 체결을 위한 준비 1	깡통전세와 전세사기를 피하려면? 등기부등본, 어디부터 어떻게 봐야 하죠? ······ 084
안전한 임대차계약 체결을 위한 준비 2	깡통전세와 전세사기를 피하기 위해 등기부만 보면 충분한가요? ······ 086

제 3 장

권익보호

청약철회	항공권 환불을 요구하니 거액의 취소 수수료를 요구하는 여행사/항공사. 대응 방법이 있을까요? ······ 090
할부거래	덜컥 해 버린 헬스장 1년 계약, 취소하고 싶어요. ······ 092
불공정한 약관	불공정한 약관, 항상 따라야 하나요? ······ 094
보험계약자의 고지의무	보험사고가 났음에도 보험회사가 보험금을 지급하지 않고 있어요. ······ 096
의료분쟁	의료사고를 당해서 낙심하고 계신가요? ······ 098
통신사기 대응	보이스피싱, 스미싱, 대출사기 등 통신사기 피해를 입은 경우 구제 방법은 뭔가요? ······ 100
금융회사에 대한 손해배상	전기통신금융사기로 피해를 입었는데, 금융회사에 손해배상을 청구할 수 있나요? ······ 102
표시광고법 위반	로또 번호 추천업체가 당첨금에 대한 수수료를 요구할 때 들어줘야 하나요? ······ 104
CCTV 열람 요청	내가 찍힌 CCTV를 열람하고 싶을 때 ······ 106
비밀유지각서	합의 대가로 쓴 비밀유지각서 꼭 지켜야 할까? ······ 108
부정경쟁방지법	거래처 정보는 영업비밀로 보호될 수 있을까요? ······ 110

제 4 장

형사사건

고소장 작성	처음 고소 또는 고발을 앞둔 당신	114
경찰 조사	경찰서에 출석하여 조사를 받으라고 합니다. 어떡하죠?	118
필승 고소, 고발 전략	고소, 고발이 난무하는 진흙탕 싸움에서의 필승전략?	120
범죄의 고의	행정형벌도 고의가 없으니 무죄라고 주장 가능할까요?	122
압수수색	회사에 압수수색이 들어왔는데 어떻게 하죠?	124
별건 압수	영장 기재 혐의사실과 무관한 별건 범죄사실에 대한 압수가 들어왔는데 문제없나요?	126
압수물 환부	압수물에 대해 환부를 신청할 수 있나요?	128
체포·구속 제도	구속 전 피의자 심문, 체포/구속적부심사, 구속취소 제도가 헷갈려요!	130
접견	구치소, 교도소에 수감된 경우의 접견교통권이 궁금합니다.	132
구속기간	재판 과정에서 구속되면 한정 없이 수감되어 있어야 하나요?	134
형사합의	형사 합의를 하려 합니다. 주의점이 있을까요?	136
고소인의 이의신청	제가 고소한 사건에 대해 경찰이 불송치 결정을 내려서 너무 화가 납니다.	138
불송치 이의신청	고소인이 아닌 고발인도 경찰의 불송치결정에 대해 이의신청을 할 수 있나요?	140
검사의 재수사요청	검사의 재수사요청이 떨어졌는데, 이게 무슨 일인가요.	142
검찰처분	고소인으로서 검사의 불기소처분을 다투는 방법이 있나요?	144
증거	타인의 대화를 몰래 녹음한 경우 증거로 사용할 수 있을까요?	146
양형 변론	죄를 자백하는 경우, 선처와 감형을 구하는 가장 좋은 방법은 무엇인가요?	148
선고기일 변경	선고기일이 변경되어 너무 답답합니다. 이유가 무엇인가요?	152
기소유예, 선고유예, 집행유예	기소유예, 선고유예, 집행유예의 차이가 뭔가요?	154

형사보상	억울하게 구속되어 재판을 받다가 무죄를 받았다면 보상받을 수 있나요?	156
용도 사기	대여금 용도를 속여서 빌려 간 경우 사기죄로 처벌할 수 있을까요?	158
가지급금 횡령	1인 주주 회사의 대표이사로서 가지급금 명목으로 돈을 빼 썼는데 문제가 될까요?	160
스토킹처벌법 위반	층간 소음 분쟁이 격화되는 상황에서 유의하여야 할 점은?	162
무고	허위고소에 대한 무고죄 고소를 하고 싶습니다.	164
음주운전	벌써 3번째 음주운전이라고요?	166
절도	아파트 주차장에 세워 둔 변호사 차량을 훔쳐 간 황당한 사건	168
명예훼손	리뷰에 있는 그대로의 사실을 썼을 뿐인데 고소한다고요? 리뷰도 명예훼손으로 처벌받을 수 있나요?	170

제 5 장

인사노무

근로기준법상 근로자	누구나 1년 넘게 일하면 퇴직금을 받을까요? 나도 퇴직금을 받을 수 있는 P.T. 헬스트레이너일까요?	174
근로계약서 작성	하루 일하는 근로자도 근로계약서를 작성해야 할까요?	176
근로기간	최초 1년 기간을 정해 근로하였고, 재고용되어 추가로 1년을 일해도 여전히 기간제 근로자인가요?	180
갱신기대권	정년에 도달한 근로자를 반드시 기간제 근로자로 다시 고용해야 할까요?	182
기간제 근로계약 기간	기간제 근로자를 고용할 때 '회사가 필요한 기간만 근무' 하기로 근로계약 기간을 정해도 될까요?	184
업무내용	근로계약서에는 담당 업무를 경비업무로 계약하였는데, 서무업무까지 하라고 한다고요?	186
근로시간	주 25시간 근로계약을 했는데, 이번 주에는 주 35시간 근무했다면 연장근로에 대한 수당을 받을 수 있나요?	188
휴게시간	독서실 총무가 자리에 앉아서 손님을 맞이하기 위해 대기한 시간도 근로시간인가요?	190

가산수당	약정한 근로시간 이외에 추가로 근로하는 경우 나는 얼마나 더 받을 수 있을까요?	192
임금체불	사장님이 월급을 안 준다고요? 약속한 것보다 적게 준다고요?	194
연차유급휴가	입사일이 2024. 8. 1.인데, 2025. 7. 31.까지 일하면 연차유급휴가가 몇 개인가요?	196
부당해고구제	기간을 정해 근로하기로 약정했는데, 불합리한 이유로 해고당해서 억울해요.	198
불복방법	서울지방노동위원회 구제명령과 기각결정에 불복하려는데, 어떻게 해야 하죠?	200
채용절차(1)	면접에서 결혼했는지, 종교는 무엇인지 물어보는데 법을 위반한 것 아닌가요?	202
채용절차(2)	채용공고와 근로계약서상 업무 내용과 연봉이 다르면 채용절차법 위반인가요?	204
임시공휴일	임시공휴일이 지정되면 그날은 유급으로 처리될까요?	206
상시5인이상	똑같은 노동법이 사업장에 따라 달라지나요?	208
초단시간근로자	모든 사업장에 퇴직금 지급 의무가 있는데, 주 1회 8시간만 일하는 때에는 퇴직금이 없나요?	210
수습기간	수습 기간 만료 후에 정식 채용을 거절한다면요?	212
직장내괴롭힘	회사에서 동료가 나를 괴롭혀요.	214
세후계약	소위 네트제 근로자의 퇴직금은 얼마나 지급하나요?	216
통상임금	통상임금의 판단기준에서 고정성을 폐기하는 것은 어떤 의미죠?	218
연차촉진제도	연차유급휴가 미사용수당은 얼마일까요?	220
육아휴직 부여	육아휴직 대상 자녀만 있으면 근로자가 1년 6개월 동안 육아휴직을 사용할 수 있나요?	222
육아지원제도	육아지원제도가 많이 바뀌었다는데, 어떤 내용인가요?	224
무노동무임금	근로자가 무단으로 결근하면 불이익은 뭐죠?	226
취업규칙	취업규칙은 사용자가 마음대로 변경할 수 있나요?	228
근로시간	기간제 근로자로 계속 근로할 수도 있나요?	230
실업급여	실업급여를 부정수급하면 어떤 불이익이 있죠?	232
퇴직금	퇴직했는데 바로 퇴직금을 주지 않아요?	234
경력증명서	경력증명서를 발급받으려는데 사용자가 과거에 지각했던 사항을 기재해 놓았는데 어떡하죠?	236

공익고발	공익신고를 위해 타인의 개인정보를 제출할 수 있을까요?	238
의원면직	해고인지 근로자가 스스로 그만둔 것인지 구별하는 방법이 궁금해요?	240
징계(1)	3년 전의 일로도 근로자를 징계할 수 있나요?	242
징계(2)	근로자가 연락도 안 되고 일주일간 무단결근하고 있다면 회사는 어떻게 해야 하나요?	244
징계(3)	징계로 감봉을 받으면 임금이 얼마나 깎일까요? 회사 내 게시판에 징계 사항을 게시할 수 있을까요?	246
징계(4)	회사가 저를 같은 내용으로 다시 징계한다는데, 가능할까요?	248
징계(5)	징계 사유 전반에 대해서 알고 싶어요.	250
기간제 근로자, 차별시정	동종 또는 유사한 업무를 수행하는 정규직 근로자와 기간제 근로자에게 명절휴가비를 똑같이 지급해야 할까요?	252
산업재해, 요양급여 신청	근로자가 일하다가 실수로 다쳤을 때 사장님의 허락이 있어야 산재 신청할 수 있을까요?	254
산업재해, 출퇴근 산재	근로자가 퇴근하다가 회사 앞 빙판길에서 넘어졌습니다. 산재를 신청할 수 있을까요?	258
직장 내 성희롱, 조치의무	직장 내 성희롱으로 피해를 보았다고 주장하는 근로자가 유급휴가를 요구하면 사업주는 반드시 부여해야 할까요?	260
직장 내 성희롱, 판단기준	나는 여자이고 살찐 부하 여직원이 안타까워서 쓴소리했을 뿐인데 직장 내 성희롱인가요?	262
노사협의회 설치	우리 회사의 상시 근로자가 때때로 30명 미만인데 노사협의회를 설치해야 할까요?	264
중대재해처벌	공사 현장에서 사람들이 사망한 경우에는 모두 중대재해인가요?	266
과태료	고용노동청에서 과태료 처분을 받았는데 억울해요.	268
공무원신분	경력직 공무원이 되었는데 일반 사기업 근로자와 다른 점이 무엇인가요?	270
사면	사면에 관해 알고 싶어요.	272

제 6 장

연금

퇴직연금 제도	새로운 회사에 입사했습니다. 인사부에서 퇴직급여제도인 DB형과 DC형 중 선택하라고 합니다. 어떤 게 유리하나요? ············ 276
퇴직연금 제도	퇴직연금제도에서도 중간정산이 가능한가요? ············ 278
퇴직연금 제도	퇴직금을 새로 개설한 IRP로 받았습니다. 현재는 연금수령 연령(만 55세 이상)이 지났는데, IRP에서 연금을 받기 위해서는 가입 기간이 최소 5년이어야 한다고 들었습니다. 그럼 5년을 기다려야 연금을 받을 수 있는 건가요? ············ 280
퇴직연금 제도	저는 이직할 때마다 받은 퇴직금을 1개의 IRP에 모아 두었습니다. 여러 번의 퇴직금마다 각각 퇴직소득세율이 다를 텐데, 연금으로 받거나 해지할 때 세금은 어떻게 계산되어 납부해야 하나요? ············ 282
퇴직연금 제도	임원의 경우 연간 급여의 20%에 근속기간만큼을 퇴직금으로 받을 수 있다고 들었습니다. 이를 초과해서 받는 것은 불가능한가요? 만약 가능하다면, 어떤 패널티가 있을까요? ··· 284
퇴직연금 제도	나는 퇴직연금 가입자가 아니라서 IRP를 이용하지 않고, 퇴직금을 세금 차감 후 개인 계좌로 수령하였습니다. 그러나 퇴직금을 IRP를 통해 연금으로 받으면 세제 혜택이 있다고 들었는데, 저 같은 경우는 연금 세제 혜택을 못 받는 건가요? ··· 286
사적연금 제도이해	IRP와 연금저축 2개를 운용하고 있습니다. 2개의 계좌를 합칠 수 있다고 들었는데, 어떤 경우에 가능할까요? ············ 288
사적연금 제도이해	IRP의 연간 납입 한도는 1,800만 원으로 알고 있습니다. 만약 올해 퇴직금을 IRP로 이전했다면, 해당 퇴직금만큼 IRP의 입금 한도가 줄어드나요? ············ 290
사적연금 납입혜택	IRP와 연금저축의 연말정산 세제 혜택에 대해 알려 주세요. ············ 292
사적연금 납입혜택	IRP와 연금저축에 납입한 금액은 연말정산 시 세액공제 혜택이 있습니다. 그 공제한도가 연간 900만 원인데요, 이를 초과해서 연간 1,800만 원을 납입하는 분들이 간혹 계시는데, 어떤 이점이 있길래 많이 입금하는 걸까요? ············ 294

퇴직연금 인출과세, 납입혜택	10년을 다니던 회사를 그만두고 퇴직금으로 5천만 원을 수령하였습니다. IRP로 받아서 연금으로 수령하면 세금의 30%를 절세할 수 있다고 들었습니다. 퇴직소득원천징수영수증을 보니 세율이 약 1.5%인데, 저 같은 경우도 연금으로 받는 것이 유리할까요? ········· 296
퇴직연금 일시금인출 과세	퇴직연금에 가입했다가 이번에 퇴사하게 되었습니다. 퇴직금은 반드시 IRP를 통해서 받으라고 하는데, 나는 연금으로 받을 생각이 없습니다. IRP를 해지하면 세금상 손해라는데, 저 같은 경우 IRP로 퇴직금을 받으면 손해 아닌가요? ··· 298
사적연금 일시금인출 과세	급하게 돈이 필요해서 연금저축을 찾아 쓰려고 합니다. 연금으로 받지 않고, 해지하면 어떤 불이익을 받나요? 또, 일부만 찾아 쓸 수 있을까요? ········· 300
사적연금 일시금인출 과세	IRP에 연말정산 세제 혜택을 위해 납입하고, 펀드와 ETF에 투자하였습니다. 근데 손실이 나서 IRP를 해지하였는데 세금을 내라고 합니다. 손실이 난 계좌에서 세금을 내는 게 맞나요? ········· 302
사적연금 연금인출 과세	연금수령액이 연간 1,500만 원이 넘으면 종합과세가 되어 세금을 많이 내야 한다고 들었습니다. 국민연금만으로 1,500만 원을 넘게 받는데, IRP와 연금저축까지 연금으로 받으면 세금 폭탄을 맞는 거 아닌가요? ········· 304
사적연금 연금인출 과세	나는 세금혜택을 위해 연금을 받는 거지, 연금을 길게 받을 생각이 없습니다. 만약, IRP나 연금저축으로 연금을 받을 때 5년 동안만 받는 게 가능한지요? 가능하다면 길게(예를 들어, 10년 이상) 받는 것에 비해 어떤 패널티가 있는지 궁금합니다. ········· 306
사적연금 연금인출 과세	IRP와 연금저축에서 받는 연금수령액이 연간 1,500만 원을 초과하면 16.5%의 분리과세를 선택할 수 있다고 들었습니다. 세율이 일반적인 연금소득세율(5.5%)보다 높은 것 같은데, 어떤 경우에 분리과세 선택이 유리한가요? ········· 308
사적연금 연금인출 과세	IRP에서 연금을 받다가 해지할 수 있나요? 만약 가능하다면 세금은 어떻게 내야 하나요? ········· 312
국민연금	국민연금의 조기연금과 연기연금에 관해 설명해 주세요. ········· 314

국민연금	저는 국민연금을 수령합니다. 연간 소득이 100만 원이 넘으면 직장 다니는 아들의 기본공제대상자로 등록이 안 된다고 들었습니다. 국민연금으로 100만 원 초과 수령자가 대부분일 텐데, 국민연금을 받으면 무조건 자녀의 기본공제대상자에서 제외된다고 생각하면 될까요?	316
건강보험료	국민연금과 IRP, 연금저축을 통해 연금을 받으면 건강보험료가 올라가나요?	318

저자 소개 ········· 320

저자의 말
배수득 변호사

1995년 4월 28일 금요일.

그날은 제게 절대 잊을 수 없는 아침이었습니다. 대구 상인동 지하철 공사장에서 가스 폭발 사고가 일어나, 저는 소중한 친구를 잃었습니다. 당시 중학생이었던 저는 반장으로서 친구의 장례식에 참석하는 것 외에는 아무것도 할 수 없었습니다. 무력한 자신을 자책하면서도 언젠가 이런 참사를 막는 사람이 되고 싶다는 열망을 품었습니다.

이제는 법조인으로 활동하면서 우리 사회에서 法治(법치)가 가지는 의미를 되새깁니다. 위 참사는 원론적으로는 매설된 배관을 제대로 관리하지 못해서 발생한 사고입니다. 하지만 본질은 공사 관련 규제를 어겨야 경제적으로 이득이라는 욕망이 앞서 정해진 절차를 위반했기 때문입니다.

개인은 이상적인 선택만 하지는 않습니다. 그래서 사회는 법령으로 여러 가지 제도를 만들어 위험에 대비하고, 우리 일상은 법적 절차를 거쳐 나가며 정당성을 만들어 갑니다. 절차는 국가의 시스템이고, 최악을 면하기 위한 최소한의 안전장치입니다. 대한민국헌법에 '절차'라는 단어가 여섯 개 조문에 아홉 번이나 나올 만큼 중요합니다.

변호사로서 제가 경험한 입법부, 사법부, 행정부에서 역할은 법치에 담긴 의미와 절차를 확인하는 과정이자 삼권분립의 의미가 무엇인지 발견하는 소중한 시간이었습니다.

그동안 사회공동체 일원으로 받은 은혜를 갚아야 한다는 소신에 따라 다양한 전문가들이 모여 이 책을 썼습니다. 우리 사회 규정들이 투영된 실제 사례에 생생한 실무 경험을 담았습니다.

저는 약 10년 전 『변호사와 노무사가 콕 집어준 노동실무』라는 책에 이어 두 번째입니다. 이제 서초동 개업변호사로 다시 시작하는 지금, 법치에 담긴 의미를 잘 전달하는 일도 빠짐없이 챙겨 가겠습니다. 앞으로 다양한 매체에서 여러분과 소통하겠습니다.

법조인으로서 다툼을 합리적으로 해결하는 일을 업으로 하지만, 종국적으로는 우리 사회의 다툼이 줄어들기를 간곡히 바랍니다. 큰 산과 바다처럼 모두가 행복한 세상을 기원합니다. 언제나 당신 곁에는 든든한 배수득 변호사가 있습니다.

太山不讓土壤　故能成其大
태 산 불 양 토 양　　고 능 성 기 대
河海不擇細流　故能就其深
하 해 불 택 세 류　　고 능 취 기 심

마지막으로 무한한 사랑으로 키워 주신 어머니와 헌신적인 기도로 응원해 주신 아버지께 깊이 감사드립니다. 그리고 저자의 변호사로서의 바쁜 업무에도 불구하고 사랑이 가득 담긴 내조로 든든한 보금자리를 완성해 준 아내와 훌륭하게 성장하고 있는 아들에게도 이 책의 출판을 빌려서 감사의 말씀을 전합니다.

변호사 배수득 드림

저자의 말
홍웅기 변호사

　법을 공부하면 공부할수록, 그것은 아주 날카로운 칼날과 같다는 생각이 듭니다. 크게 생각하지 않고 내뱉은 말과 약속이 '의사의 합치', '상호 간의 약정'이라는 이름 아래 도망칠 수 없는 법적인 구속력을 만들어 냅니다. 한순간의 잘못된 판단과 치기 어린 행동은 '인생에서 지울 수 없는 전과자의 낙인'을 남기기도 합니다.

　법은 이롭게 사용하면 좋겠지만, 악용하려는 마음만 먹으면 거침없이 휘두를 수 있는 무기가 됩니다. 법을 잘 모르는 사람을 상대로는 이만한 겁박의 수단이 없을 것 같습니다. 저 역시 때때로는 그러한 유혹과 환상에 사로잡히기도 합니다. 그러나 법이 제정된 의도와 배경은 외면한 채 지엽적인 문구에만 천착하여 법을 해석하고 적용한다면, 그것은 '법조인'이 아닌 '법기술자'에 불과할 것입니다.

　다행인 것은, 본능적으로 그리고 경험적으로 저는 '옳은 것을 그르다'거나, '그른 것을 옳다'라고 말할 수 없는 사람임을 알게 되었다는 것입니다. 사회적 지위, 지식의 정도, 권세와 힘의 유무에 따라 옳고 그름이 뒤바뀌어서는 안 된다고 믿습니다. 법은 그러한 정의의 한도 내에서만 역할을 해야 한다고 생각합니다.

　연매출 8조에 달하는 한 중국계 거대 플랫폼 기업을 상대로 제기한 소송이, 이후 대형 소비자 분쟁으로까지 확산된 사안이 있었습니다. 상대방 기업은 본사를 해외에 두고 있다는 이유로 대한민국 소비자를 상대로 여러 위법한 영업을 해 왔습니다. 제가 소송을 제기하여 사안을 공론화시키자, 많은 국내 소비자분들께서 자신이 겪은 위법하고 부당한 대우를 토로하며 힘을 보태 주셨습니다.

상대방은 이 사안이 수면 위로 떠오르지 않게 하려고 뒤에서 합의와 조정을 제안하고, 선배 변호사를 통해 소송 취하를 종용하는 등 부당한 외압을 행사하기도 했습니다. 급기야는 국내 최대 로펌을 소송대리인으로 선임하기도 했습니다.

그러나 1년 반여가 지나 저는 전부 승소하였고, 상대방은 전부 패소하였습니다. 이 사안은 조선일보, SBS 등 주요 언론에 보도되었고, 이를 계기로 한국소비자원과 긴밀한 업무협력 관계를 맺게 되기도 하였습니다.

많은 분들이 칭찬과 감사의 말씀을 전해 주십니다. 그러나 저는 오히려 업무를 하면서 '손바닥으로 하늘을 가릴 수 없다'는 명제를 믿고 묵묵히 자신의 소임을 다하는 분들에게 더 큰 찬사를 보내고 싶습니다. 개인적인 사리사욕에 굴복하지 않고, 최소한의 인간 본연의 위엄(Dignity)을 지킬 수 있는 사람이 되고 싶습니다. 이 책이, 누군가 홀로 남아 절박한 도움이 필요할 때, 작은 힘이 되기를 바랍니다.

변호사 홍웅기 드림

저자의 말
홍인기 변호사

자취를 하거나, 신혼집을 구하는 등 임대차계약을 체결해 봤다면 누구나 한 번쯤 이런 고민을 해 봤을 겁니다. "계약서에 도장 찍기 전에 뭘 확인해야 하지?" "혹시나… 보증금을 못 돌려받는 건 아니겠지?" "불안한데 그냥 월세로 계약할까?" 특히 전세 보증금의 경우 직장인에게 너무나 큰돈인 만큼, 불안한 마음이 드는 것은 당연한 일일 것입니다.

공익법무관으로 근무하던 2023년 4월, 저는 인천 미추홀구 전세피해지원센터에서 전세사기 피해자분들을 대상으로 상담 업무를 맡게 되었습니다. 사실 그 전까지는 전세사기라는 것은 뉴스에서나 보던 일에 가까웠습니다. 하지만 현실은 전혀 달랐습니다. 상담할 자리가 부족해 휴게 공간에서도 상담을 해야 할 정도로 피해자들이 몰려들었기 때문입니다.

그중에서도 잊히지 않는 분이 있습니다. 저와 비슷한 나이의 직장인이었는데, "변호사님, 저 파산 신청해야 할까요?"라고 물으시더군요. 그 순간 깨달았습니다. 법학 교과서에서 배운 '대항력', '우선변제권' 같은 용어들이 실제로는 한 사람의 인생을 좌우할 수도 있는 무서운 현실이라는 걸요.

사실 전세사기는 교묘하게 준비된 범죄입니다. 일반인이 쉽게 알아차리기 어렵도록 치밀하게 계획되어 있죠. 즉, 법률 지식을 가지고 있다고 하여 전세사기를 무조건적으로 피할 수 있는 것도 아니고, 전세사기를 당한 것이 법률지식의 부재 때문은 아니라는 것입니다. 하지만 몇 가지 포인트만 확인한다면 위험의 상당 부분을 피할 수 있는 것도 사실입니다. 예컨대 등기부등본을 어떻게 해석해야 하는지, 임대차계약서 작성 시 주의사항은 무엇인지 같은 말입니다.

이 책을 쓰면서 가장 신경 쓴 부분이 바로 그겁니다. 자칫 어려울 수 있는 법률 지식을 쉽게 풀어 실제로 여러분이 부동산 계약할 때 뭘 확인해야 하는지, 혹은 보증금을 지키고, 돌려받기 위해서는 무엇을 해야 하는지요.

물론 제가 작성한 내용을 아는 것만으로는 전세사기 등 임대차 계약 중 생길 수 있는 여러 문제를 모두 피하기에 충분하지 않을지도 모릅니다. 하지만 적어도 그 현장에서 직접 보고 느낀 것들, 그리고 수많은 상담을 통해 정리한 실무 경험들이 여러분에게 조금이나마 도움이 되었으면 합니다.

모든 직장인이 안전하고 행복한 보금자리에서 살 수 있기를 바라며.

변호사 홍인기 드림

추천사
김주현
前 민정수석비서관 | 前 대검찰청 차장검사/검찰총장 직무대행

　정보들이 범람하는 시대이다. 핸드폰, 태블릿PC를 통해 어디서든 궁금한 것들을 찾아볼 수 있다. 먼저 요청하지 않아도 유튜브, 블로그 등에는 글과 소리가 넘쳐난다. AI(Artificial Intelligence) 시대마저 도래하였다고 하니, 부족할 것이 없어 보인다.

　그런데 사람들은 아직도 쏟아지는 정보 속에서 허우적대는 느낌이다. 넘치는 정보 속에서 해답 그 언저리를 더듬고 있을 뿐, 명쾌한 정답을 찾기란 여전히 쉬운 일이 아니다. 어쩌면 우리는 '더 많은 정보'가 아니라 '이것으로 충분하다'고 자신 있게 말할 수 있기를 바랄지도 모르겠다.

　오래 알고 지낸 배수득 변호사, 홍웅기 변호사가 우리 생활에 꼭 필요한 법률적 지식을 알기 쉽게 풀어 쓴 책을 낸다고 한다.

　배수득 변호사는 급격히 변화하는 법률 수요에 능동적으로 대처하기 위해 국회, 고용노동부, 여러 기업과 사용자 단체에서 실무를 경험했다. 이미 형사분야와 노동분야에서 탁월한 혜안을 갖추고 있다.

　홍웅기 변호사는 회계법인에서 기업자문 등의 업무를 수행한 뒤 변호사로서 대형 법무법인에서 기업, 부동산, 금융 등에 관한 다수의 소송 및 자문 사건을 수행하였다. 사회적 약자의 권익 보호와

관련하여서도 깊은 관심이 있다고 한다.

각자의 분야에서 전문성을 키워 온 두 변호사가 합심하여 기업, 개인을 모두 포함한 누구나 한 번쯤은 마주하게 되는 민사·형사·행정 관련 법률 이슈들, 노동관계 및 고령화 시대에 필요한 퇴직연금에 관한 실용적인 고민과 해결책을 책에 담았다고 한다. 대한민국 최고의 법률 전문가 두 명이 지혜를 모아 삶을 살아가면서 꼭 알아두면 좋은 내용을 엄선하였다고 하니 기대가 크다.

부디 이 책이 범람하는 정보들 속에서 흙 속의 진주와 같은 역할을 하기를 기대한다.

주호영
現 국회부의장 | 前 부장판사

저는 판사 생활을 거쳐 6선의 국회의원을 역임해 오면서 다양한 영역의 많은 법률을 만들고, 그 법률이 국민의 삶에 적절하게 녹아들 수 있도록 노력해 왔습니다. 법률은 한 번 만들면 국민에게 끼치는 영향이 커서 헌법적 가치가 잘 반영될 수 있도록 심도 있게 검토해 왔습니다. 법률을 잘 만드는 일만큼이나 국민에게 쉽게 전달하는 일도 중요하다는 사실을 현장에서 자주 느꼈습니다.

생업으로 바쁜 국민이 빈번히 바뀌는 규정들을 모두 알기란 쉬운 일이 아니지요. 그런 분들에게 이 책은 꼭 필요한 법률 지식을 엄선하여 전달합니다. 각 분야의 전문가인 변호사, 회계사, 노무사가 함께 모여 일상적인 법률문제에 관해 쉽고 간결하게 답변하여 Q&A 형식으로 엮었습니다.

  이 책은 민사·형사·행정 사건에 대한 일반적인 궁금점을 알기 쉬운 방식으로 소개하며, 그 밖에도 일상에서 흔히 접할 수 있는 계약과 거래, 사업 운영, 임대차, 소비자 권익과 관련된 내용을 재미있게 풀어 쓰고 있습니다. 특히 근로계약서를 작성하는 방법을 비롯하여 직장 생활을 하다 보면 자주 마주하는 인사/노무 전반에 관한 크고 작은 이슈들과 그 해결책을 통찰력 있게 풀어 씁니다. 사회 양상의 변화로 퇴직한 이후에도 100세 시대를 앞둔 우리가 꼭 알아야 할 연금에 대한 전문적인 지식과 풍부한 경험을 바탕으로 알기 쉽게 설명합니다.

  남녀노소 누구나 매일 크고 작은 법률관계 속에 살고 있습니다. 이 책은 세상을 좀 더 지혜롭게 살고 은퇴 이후를 대비할 수 있는 나침반이 되어 줄 것입니다.

어예진
現 SBS 라디오 '어예진의 방과후 목돈연구소' 진행자 |
現 해담경제연구소 소장 | 前 한국경제TV 기자

어린아이가 있는 집 책장에는 '육아 백과' 한 권쯤 꽂혀 있는 경우가 많다. 대단한 육아 전문가가 되고 싶어서라기보다 생전 처음 접해 보는 낯선 상황에 대비하기 위해서다. 당장 의사를 만날 수 없을 때, 아주 위급하지는 않지만 즉시 조치가 필요할 때 부모들은 육아 백과를 펼쳐 본다. 검색 포털이나 AI에게 물어도 될 일이지만 굳이 책을 찾는 이유는 이런 중요한 일에는 그래도 검증된 전문가가 쓴 책이 더 믿음직하기 때문이다.

법률 분야도 비슷하다. 살면서 법 지식을 전문가 수준으로 알 필요는 없지만 무슨 일이 생겼을 때 이게 얼마나 심각한 일인지를 판단하는 건 아주 중요하다. 급할 때는 인터넷을 찾아보지만 그게 검증된 사람이 제공한 명확한 해답인지, 잘못된 조언인지 그 차이를 구별하기란 쉽지 않다. 별것 아닌 것 같지만 그걸 판단하는 능력은 삶의 중요한 순간에 결정적인 차이를 가져오는 힘이기도 하다.

30년 지기 친구 홍웅기 변호사와 함께 일하시는 배수득 변호사님이 공저자로 쓴 이 책은 법률·금융·노무판 생활 백과다. 책에 등장하는 사례들을 (다행히 나에게 닥친 일은 아니니) 비교적 가벼운 마음으로 구경하듯 편하게 읽다 보면, 사는 데 딱 필요한 정도의 리걸 마인드(Legal Mind)를 갖게 될 것 같다. 나도 이제 홍변에게 연락해서 귀찮게 하는 일이 훨씬 줄어들 것 같다는 생각이 드는데… 그러고 보니 홍 변호사가 이 책을 그래서 썼나 싶다.

제 1 장

재판일반,
민사/행정사건

질문　민형사 재판

'피고', '피고인' 뭐가 다른가요?
▶▶ 피고는 민사소송의 상대방, 피고인은 형사재판을 받는 당사자입니다.

답변

'피고', '피고인'의 정확한 차이를 아시나요? 은근히 헷갈리는 용어들 설명하기 전에 민사, 형사재판의 근본적 차이를 먼저 설명드리고 싶습니다.

민사재판은 甲이 乙을 상대로 하는 소장을 법원에 제출함으로써 시작되며 이때 소를 제기한 甲은 **원고**, 乙은 **피고**가 됩니다. 판결이 확정되기까지 원피고가 서로 다투고, 법원은 판단하는 역할을 담당합니다.

반면 형사재판은 **피해자와 가해자 간의 싸움이 아닙니다.** 물론 피해자 A 등이 가해자 B의 범죄 혐의에 대하여 고소, 고발을 하여 형사 사건이 시작될 수 있습니다. 그리고 이후에는 경찰이 수사를 하여 검찰에 송치할지를 결정하고, (사건이 검찰에 송치되면) 검사는 기소(쉽게 말해 형사재판으로 넘길지) 여부를 결정함으로써 형사재판이 시작됩니다. 다만, 형사재판의 당사자는 (피해자 A, 가해자 B가 아니라) **검사**와 **가해자 B**입니다. 기소를 이후 가해자가 '피고인' 신분이 되는바, 결국 **검사**와 **피고인(가해자)** B가 형사재판에서 공방을 갖게 된다고 볼 수 있습니다.

참고로 피해자는 형사재판의 분명한 이해관계인이지만, 제3자에 불과합니다. 이런 구조적 한계로 피해자의 목소리가 형사재판에 제대로 반영되지 않는다는 비판이 있습니다(예컨대, 피해자는 형사기록에 대한 접근이 매우 제한적입니다).

결론적으로 '**피고**'는 원고/피고가 당사자인 민사재판의 한 당사자를 의미하고, '**피고인**'은 검사/피고인(가해자)이 당사자인 형사재판에서 기소를 당해 재판을 받고 있는 당사자를 의미합니다.

TIP

'변호사'와 '변호인'의 용어도 헷갈리는 경우가 많습니다. '변호인'은 형사사건에서 피의자(기소 전 가해자), 피고인(기소 후 가해자)의 변호를 맡은 '변호사'를 의미합니다.

질문 항소 실익

1심에서 패소했어요. 항소하면 2심에서 이길 수 있을까요?

▶▶ 법리오해를 지적하거나 사실인정을 뒤집을 수 있는 새로운 증거가 준비되어 있나요?

답변

항소(1심에 불복하여 2심으로 가는 것)하면 이길 수 있겠냐고 자주 물어보십니다. 1심을 뒤집기 위해서는 해당 판결에 **사실을 오인**하거나 **법리를 오해한 위법**이 있어야 합니다.

법리가 잘못 적용된 부분이 있다면 당연히 그 부분을 잘 지적해야 합니다. 사실관계를 잘못 인정했다면, 어떻게든 그 1심 판단을 뒤집을 수 있는 새로운 증거를 확보하여 제출해야 합니다. 그래서 보통 2심 첫 변론기일에서는 향후 새로운 증거를 어떻게 확보하여 법원에 제출할 계획인지 밝힙니다.

특별한 새로운 증거 없이 1심에서의 사실 판단을 뒤집기는 쉽지 않습니다. 법원은 특별한 증거 없이 1심을 뒤집는 것이 위법하다는 입장입니다. 법원은 "항소심 심리과정에서 **심증 형성에 영향을 미칠 만한 객관적 사유가 새로 드러난 것이 없음에도** 제1심 판단을 재평가하여 뒤집고자 할 때는 증거가치 판단이 명백히 잘못되었다거나 사실인정에 이르는 논증이 논리와 경험법칙에 어긋나는 등으로 그 판단을 그대로 유지하는 것이 현저히 부당하다고 볼 만한 합리적인 사정이 있어야 하고, **그러한 예외적 사정도 없이 제1**

심의 사실인정에 관한 판단을 함부로 뒤집어서는 안 된다'라고 판시했거든요.

예컨대, 피고인 6인이 범죄단체 OO파에 가입했다는 혐의로 기소되어 형사재판이 진행된 사안에서 1심은 증인들의 증언의 신빙성을 인정할 수 없다고 판단하여 무죄를 선고하였습니다. 그런데 2심은 1심에서의 증인신문을 다시 검토하여 피고인들이 유죄라고 선고했습니다. 이에 대해 대법원은 **1심은 증인의 모습과 태도를 직접 관찰한 이후 판단한 것이므로, 2심이 "충분하고도 납득할 만한 현저한 사정" 없이 이를 번복한 것은 위법**이라고 판시했습니다.

TIP
항소 여부를 고민하면서 특히 1심의 사실인정에 위법이 있음을 주장할 예정이라면 1심을 뒤집을 "증거"를 확보하여 제출할 수 있는지 검토해 보세요.

질문 사실심, 법률심

2심에서 패소했어요. 상고하면 3심에서 이길 수 있을까요?
▶▶ 상고는 법률심입니다. 사실심과 다른 특징을 잘 숙지하여 결정하세요!

답변

법원 시스템이 3심제(흔히 지방법원-고등법원-대법원)인 것은 잘 알고 계실 겁니다. 1심 판결에 불복하는 것을 '항소', 2심 판단에 불복하는 것을 '상고'라고 합니다. 그런데 **1심, 2심은 '사실심'인 반면, 3심은 '법률심'**입니다. 사실심에서는 사실관계에 대해 다툴 수가 있지만, 법률심은 사실관계는 다툴 수 없고 **2심 판결에 법리가 잘못 적용되었는지만** 다툴 수 있습니다.

사실판단, 법리판단의 의미가 조금 헷갈리시나요. 조금 더 쉽게 설명해 보겠습니다. 예컨대, A가 B를 해할 의도로 귀에 대고 큰 소리를 질러 폭행 혐의로 형사재판을 받게 됐다고 해 봅시다. "나는 귀에 대고 소리를 지르지 않았다"라고 주장하는 것은 사실판단을 다투는 것입니다. 반면, "귀에다 소리 지르는 것은 폭행이 아니다"라고 주장하는 것은 법리판단을 다투는 것입니다.

다시 법률심(3심) 얘기로 돌아가 보겠습니다. 민사소송법, 형사소송법에 따르면 통상 "판결에 영향을 미친 **법령 등에 위반이 있을 때**"만 상고(2심 판결에 불복)가 가능합니다.

그럼 3심에서 사실판단에 대해 다투면 어떻게 될까요? 법원은 '사실심의 전권에 속하는 사항을 다투는 경우 그 자체로 이유가 없다고 판단'하여 **심리불속행 기각** 판결을 내릴 가능성이 있습니다. 심리불속행 기각이란 상고이유의 **구체적인 당부를 아예 판단조차 하지 않고, 패소 판단**을 내린다는 것입니다. 따라서 마냥 1심~3심에서 똑같이 내 주장의 당부를 판단받을 수 있다고 생각한다면 오산입니다. **사실심은 2심까지이므로, 2심 이전에 사실관계에 대해 치열하게 다투는 것이 중요**합니다.

TIP

다만, 2심이 명백한 증거가 있음에도 중요한 사실관계를 잘못 인정한 경우, "채증법칙"(증거를 잘 채택하여 반영해야 한다는 법리)을 위반했다는 등의 사유를 들어 상고하는 방법이 있을 수 있으므로 변호사와 상의해 보시기 바랍니다.

> **질문** 파기환송, 파기자판

대법원의 파기환송, 파기자판이 뭔가요?
▶▶ 파기환송은 대법원이 2심의 위법성을 판단하는 것이고, 파기자판은 대법원이 스스로 최종 판결을 내리는 것입니다!

답변

우리나라는 3심제입니다. 마지막 판단은 대법원이 파기환송 혹은 파기자판의 형식으로 합니다. 뉴스에서 들어본 거 같은데, 정확한 뜻을 아시나요?

대법원은 상고가 정당한 이유가 있을 경우, 통상 2심 판결을 파기하고 해당 사건을 2심 법원에 환송합니다. 즉, 대법원은 **2심 판결의 잘못을 지적만 할 뿐이며, 해당 사건을 다시 2심 법원으로 보내 다시 제대로 판단할 것을 요구**하는 것입니다. 2심 법원은 다시 변론을 거쳐 판결하되, 대법원이 파기환송의 이유로 삼은 사실 및 법률 판단과 다른 판단을 내릴 수는 없습니다.

예컨대, '특정인을 모른다'는 발언의 공직선거법상 허위사실공표죄 해당 여부가 쟁점이 된 사안이 있었습니다. 1심은 유죄, 2심은 무죄 판결을 선고하였는데, 3심 대법원이 파기환송 판결을 내렸지요. 쟁점이 된 허위사실공표죄 규정은 '당선될 목적으로 후보자에게 유리하도록 한 **"행위"** 등에 관하여 허위사실을 공표'하면 처벌합니다. 2심은 **특정인을 아는지는 "인식"에 관한 것으로서 "행위"라고 볼 수 없다고 판단**한 반면, 3심은 **"교류 행위"에 관한 것으로 보아**

유죄취지 파기환송 판결을 내렸습니다.

그럼 파기자판은 무엇일까요? **사실관계가 확정이 되어 재판하기 충분한 상태**에서 **단지 법령이 잘못 적용되었을 때** 대법원이 사건을 2심으로 환송하지 않고 **자체적으로 최종 판결**을 내리는 것을 의미합니다. 예컨대, 대법원에서 계약상 부제소 합의가 있음이 인정되어 소송을 아예 제기할 수 없었음이 드러났을 수 있습니다. 그 경우 대법원은 원피고들 주장의 당부를 따지지 않은 채 소송을 그대로 종료하는 "소각하" 파기자판을 내릴 수 있습니다.

TIP
파기환송 시 환송심(2심으로서 사실관계를 다툴 수 있음)은 다시 변론을 거쳐야 합니다. 의미 있는 새로운 증거들이 제출된다면 대법원의 파기환송 취지와는 다른 판결이 선고될 가능성도 배제할 수는 없습니다.

질문 판결문

사건 당사자가 아닌데 판결문을 확인할 수 있는 방법이 있나요?

▶▶ 판결서에 대한 인터넷 열람, 사본제공 또는 방문열람을 신청하세요.

답변

민사사건의 원고 또는 피고, 형사사건의 피고인 등 사건의 당사자라면 당연히 소송절차 내에서 판결문을 확인하거나 송달받을 수 있습니다. 그런데 사건의 직접 당사자가 아닌 경우에도 관심 사건 등의 판결문을 확인하고 싶을 수 있습니다. 그 경우에는 아래 3가지 방법을 참고하세요.

첫째, **누구든지** 민사, 행정, 특허, 형사사건의 판결서에 대해 인터넷열람 신청을 할 수 있습니다. 다만, 이는 2013년 1월 1일 이후 **확정**된 형사 사건의 판결서와 2015년 1월 1일 이후 **확정**되거나 2023년 1월 1일 이후 **선고**된 민사, 행정, 특허 사건 판결서에 한합니다('확정'이라는 것은 불복하지 않았거나 대법원의 상고기각(패소) 판결까지 나서 더 이상 다툴 수 없는 경우를 의미합니다). 한편, 위 열람은 "부동산 전세사기" 등의 키워드를 넣으면 나오는 판결 요지를 보고 전문이 궁금한 경우 신청하는 방식으로 진행됩니다. 이때 개인정보는 모두 가려집니다.

둘째, 대법원, 하급심 판결 모두를 대상으로, 판결이 **'확정'되지 않았더라도** 누구나 **선고법원, 사건번호 등을 특정**하여 신청하는 방식으로 개인정보 등이 삭제된 판결서 사본을 이메일, 우편 등의 방법으로 제공받을 수 있습니다. 다만, 가사사건, 소년보호·가정보호·아동보호·성매매관련보호 사건 및 피해자보호명령·피해자아동보호명령 사건의 결정문은 대상에서 제외됩니다.

셋째, 변호사, 교수, 공무원 등의 경우 예외적으로 법원도서관 판결정보 특별열람실에서 판결문을 검색·열람할 수 있습니다. **실명 검색까지 가능하므로** 승인을 받아야 할 수 있습니다.

TIP
판결서를 확인하기 위해서는 1건당 1천 원의 수수료를 납부해야 합니다. 알권리 등을 위해 판결문 공개가 무료화되어야 한다는 주장도 있습니다.

질문 증명책임

증거는 원고, 피고 중 누가 제출해야 하나요?
▶▶ 일반적으로 청구하는 사람이 증명책임을 집니다!

답변

민사소송은 내 권리를 **주장**하고, 이를 **증명**(증거 제시)하는 것이 핵심입니다. 소액재판을 가 보면 판사는 간혹 변호사 없이 출석한 원고 또는 피고에게 "증거를 제출"하라고 요구합니다. "왜 내가 제출해야 하냐"라며 반문한다면 이는 소송의 중요 개념인 '증명책임'을 이해하지 못한 것입니다.

보통은 **"주장"하는 자가 "증명"할 책임**을 집니다. 권리나 이익을 주장하는 자가 증명도 해야 하는 것이 이치에 맞으니까요. 다만, 예외도 있습니다.

예컨대, 원인 모를 화재로 임대 준 건물이 모두 타 버렸다고 해 봅시다. 임대인이 임차인에게 건물 반환 의무를 이행하지 못하게 됐다며 손해배상을 청구하는 경우, **화재가 누구의 과실인지 누가 증명해야 할까요?**

임대인은 '임차인이 임대차계약에 따라 임대차 목적물의 반환 의무가 있는 점', 그런데 '임차인이 위 반환 의무를 이행하지 못한 점'만 증명하면 됩니다. 임차인이 건물을 반환하지 못하게 된 사정을 임대인이 먼저 나서 설명할 필요는 없습니다. 임대인은 임차인이 임대차 목적물을 반환하지 못한 점만 증명하면 됩니다.

반면 손해배상 청구를 받은 임차인으로서는 손해배상 책임에서 면책되기 위해서 **"자신의 과실로 불이 난 것이 아님"을 증명**해야 합니다.

그런데 화재가 벽 내부에 있던 전기배선 때문이었다면 어떨까요? (벽 내부를 수리할 책임은 임대인에게 있으므로) 임차인이 그 하자를 미리 알았거나 알 수 있었다는 사실을 **임대인이 증명하지 못하면**, 임대인은 손해배상을 구할 수 없습니다(**즉, 예외적으로 임대인에게 증명책임이 넘어갑니다**).

만약 임대차가 장기간 계속되었고, 전기배선을 임차인이 직접 했다면요? 전기배선에 대한 관리는 임차인의 지배영역이므로, 이때는 **임차인이 과실 없음을 증명해야 합니다(예외의 예외로 임차인에게 증명책임이 넘어갑니다).**

TIP
증명책임의 소재, 생각보다 복잡합니다. 그래서 소송에서 중요합니다.

질문 증거 확보

증거가 불충분한데 소송에서 이길 수 있을까요?
▶▶ 법이 보장하는 재판상 증거 확보 방법을 적극적으로 이용하세요!

답변

소송을 제기하고 싶지만 증거가 불충분하여 망설여질 때가 있습니다. 예를 들어, 재직했던 회사에 소송을 제기하려고 하는데 **이미 퇴사를 해 버려서** 내부 문서를 확보하기 어려울 수 있죠. 그럴 땐 법이 보장한 증거 확보 절차를 최대한 이용하세요. ① **사실조회**, ② **문서제출명령**, ③ **문서송부촉탁**, ④ **구석명**, ⑤ **증인신문**, ⑥ **검증/감정 신청** 등의 절차가 있습니다.

첫째, 법원을 통해 공공기관, 학교, 그 밖의 단체, 개인 또는 외국 공공기관에 **사실조회**를 신청할 수 있습니다. 회신의무는 없지만, 응하지 않는다면 법원이 문서제출명령, 증인신문 등 더 강제적인 절차를 요구할 수 있습니다.

둘째, **문서제출명령**을 신청하세요. (i) 소송에서 인용한 문서를 갖고 있을 때, (ii) 문서를 요구할 법적 권리가 있을 때, (iii) 문서가 신청자의 이익을 위해 작성되었거나 신청자의 법률관계에 관한 것일 때 인정될 수 있습니다. 응하지 않으면 과태료가 부과될 수 있습니다.

셋째, 문서제출의무 여부와 상관없이 법원, 검찰 등 주로 국가기관을 상대로 특정 문서를 법원에 보내도록 하는 **문서송부촉탁**을 신청할 수 있습니다.

넷째, 상대방 당사자에게 특정 질의에 대해 답변할 것을 요구하는 **구석명**을 신청할 수 있습니다. 회신이 의무는 아니나, 회신하지 않거나 합리적이지 않은 답변이 있을 경우 불리한 심증이 형성될 수 있습니다.

다섯째, **증인신문**을 신청할 수 있습니다. 허위의 증언을 한 경우 위증의 처벌을 받게 되므로 이 점을 최대한 활용하세요.

여섯째, **감정**은 전문가에게 특정 사건이나 실험, 검사의 지식을 묻는 것이며, **검증**은 법관이 직접 현장, 녹음, 영상을 시청하여 확인하는 것입니다.

TIP

예를 들어, 상법에 따르면 주주총회 의사록을 일정 기간 보관할 의무가 있습니다. 이 점을 들어 회사 내부문서인 주총 의사록에 대한 제출명령을 신청하는 겁니다. 제출하지 않으면요? 상대방에게 불리한 심증이 설 겁니다.

질문 소멸시효

가장 황당한 패배, 소멸시효
▶▶ 꺼진 불도 다시 보자. 소멸시효 꼭 챙기세요!

답변

소멸시효 기간은 일정 기간 권리를 행사하지 않으면 그 권리를 소멸시키는 기간을 의미합니다. 유사한 개념으로는 일정 기간이 지나면 검사가 기소(형사재판을 받게 됨)하지 못하는 **공소시효**, 판결에 불복(항소, 상고 등)할 수 없게 되는 **제소기간**, 권리를 행사할 수 있는 기간인 **제척기간** 등이 있습니다. 여기서는 소멸시효에 집중하여 설명해 드리겠습니다.

먼저 특별한 사정이 없는 한 채권의 소멸시효 기간은 **10년**입니다.

다만 **상행위로 인한 채권의 시효, 즉 상사시효 기간은 5년**입니다. 상행위는 영업으로 하는 (혹은 영업을 위해서 하는) 행위를 의미하며, 일방적 상행위도 해당합니다. 예를 들어, 상인이 아닌 친구로부터 상인이 영업자금을 빌린 경우 그 대여금 채권의 시효는 5년입니다.

한편 민법은 3년 또는 1년의 단기소멸시효를 규정합니다. 1) 공사(工事)에 관한 채권, 2) 생산자 및 상인이 판매한 생산물 및 상품의 대가 3) 의사, 변호사, 공인회계사 등 보수채권 등은 **3년 시효**가 적용됩니다. 생산물 및 상품의 대가의 경우 본래 상사 5년 시효에 걸리지만 더 단기인 민법의 시효가 적용되며, 숙박료, 음식료, 입장료, 연예인 임금 등 역시 **1년**이 적용됩니다.

  그 밖의 임금, 퇴직금 채권은 **3년**, 보험금 청구권은 **3년**, 보험료 반환 청구권과 보험료 청구권은 **2년**, **불법행위를 이유로 한 손해배상 채권의 경우 가해자를 안 날로부터 3년, 불법행위를 한 날로부터 10년** 내 행사하지 않으면 시효 소멸합니다.

TIP

소멸시효는 **당사자가 주장해야** 법원이 판단해 줍니다. 원피고가 소멸시효 기간만료를 주장하지 않은 경우 법원이 이를 직권으로 알려주지는 않습니다. 법적으로 다퉈 보겠다고 결심한 경우 본격적인 분쟁에 들어가기 앞서 혹시 채권의 소멸시효 기간이 만료된 것은 아닌지, 즉 **소장의 제출을 서둘러야 하는 것은 아닌지** 꼭 확인해 보세요. 공격하는 원고, 방어하는 피고 모두 동일합니다.

질문 투자금 반환

'투자'냐 '대여'냐 그것이 문제로다!

▶▶ 대여는 원금을 반환받지만 이자제한법의 적용을 받고, 투자는 원금을 날릴 수 있지만 높은 수익을 청구할 수 있습니다.

답변

'못 받은 돈'을 되돌려 받고 싶으신가요? 그런데 항상 되묻는 질문이 있습니다. 그 '못 받은 돈'의 성격은 무엇인가요? 돈의 성격이 '투자금'인지 '대여금'인지에 따라 대응방법은 판이하게 다릅니다.

투자는 이익을 얻기 위해 일이나 사업에 자본 등의 생산요소를 투입하고, 수익 발생 여부는 그 일이나 사업의 성패에 좌우되는 것이 통상적인 모습입니다. 반면, 대여(금전소비대차)는 금원을 일정 기간 빌려주는 대가로 이자를 받는 것입니다. 즉, 대여는 원금이 보장되지만, 투자는 원금 보장이 안 된다고 해석될 수 있습니다. 그렇다면 원금이 보장되는 대여라고 주장하는 것이 항상 좋을까요?

투자는 성공 여부가 불확실하므로(리스크가 높으므로) 고율의 수익을 얻는 것이 허용되지만, 대여의 경우 이자제한법이 정한 최고 이자율을 초과하는 이자 약정은 무효라고 봅니다. 다시 말해 투자는 원금이 보장되지 않는 대신 매우 높은 수익도 청구할 수가 있으므로 상황에 맞게 잘 따져 봐야 합니다.

법원은 실질이 대여임에도 이자제한법의 적용을 회피하고자 투자약정이라는 형식을 악용할 우려가 있으므로, 계약서상 '투자', '수익' 등의 표현만으로는 투자/대여를 구분할 수 없고, 투자약정의 본질적인 특징인 **'수익발생의 불확실성 및 원금의 보장 여부'**와 더불어 당사자 관계, 금원을 제공한 자가 사업에 실제로 관여하였는지, 금원의 반환을 확보하기 위한 담보 등이 제공되었는지 등 사정을 종합하여 법적 성질을 판단해야 한다고 말합니다.

한편, 투자라고 하지만 **원금을 보장하는 약정**을 하는 경우가 있습니다. 원금을 보장한다면 제공된 금원은 '투자금'일까요, '대여금'일까요? 개발사업에 투자하면서 투자약정서라는 이름으로 사업을 위해 1억 원을 제공하면 이익금 1억 원을 합한 2억 원을 지급받기로 한 뒤, 추후 원금 및 투자 이익금 총 2억 원을 반드시 지급받는 내용의 각서를 쓴 사안에서, 법원은 **"사업에서 성공하거나 이익이 발생하는 경우에 한해 이익금 1억 원을 지급하겠다는 조건 등을 결부시키지 않았다"**라며, 위 계약은 대여(금전소비대차)로서 이자제한법의 적용을 받는다고 판단했습니다.

TIP
'못 받은 돈'을 청구하는 경우, 그 돈의 성격을 '투자' 또는 '대여' 중 무엇이라고 주장해야 좋을지에 대해 미리 세심한 법리적 검토가 필요합니다.

질문 위약금

계약서에 위약금 조항을 넣고도 손해 보는 경우가 있다? 아무도 알려 주지 않은 위약금 조항의 함정!

▶▶ "위약금"을 실손해와 별도로 청구할 수 있는 "위약벌"로 정의하세요!

답변

회사가 맺는 수많은 계약에 위약금 배상 조항을 넣는 경우가 많습니다. 예를 들어, 물품을 정해진 기한 내에 납품하지 않는 경우 위약금을 배상하도록 할 수 있죠. 위약금 조항만 넣으면 모든 게 끝일까요? 천만의 말씀!

"위약금"은 법적인 성격을 **"손해배상액의 예정"**과 **"위약벌"**로 구분합니다.

"손해배상액의 예정"은 계약 의무를 이행하지 않아 손해가 발생했고, 그 손해액은 얼마인지를 증명할 필요 없이 '손해배상액으로 예정한 금액'을 청구할 수 있다는 뜻입니다. 이때 중요한 것은 **실손해 대신** 위약금을 주고받기로 약속한다는 것입니다. 즉, 위약금은 실손해보다 클 수도, 작을 수도 있습니다. 다만 이를 일일이 증명하기는 번거롭고 시간도 오래 걸리니 손해배상액의 예정액만을 서로 주고받고 분쟁을 끝내기로 합의하는 것이죠.

반면, "위약벌"은 **(실손해에 대해서는 당연히 손해배상을 청구할 수 있고) 실손해 배상과 별도로** 계약 위반 책임을 물어 청구할 수 있는 금액을 의미합니다. 쉽게 말하자면, 계약을 불이행한 자에게 괘씸죄를 묻는 셈이죠.

문제는 "위약금"의 약정은 통상 (위약벌이 아닌) "손해배상액의 예정"으로 추정된다는 것입니다. 그럼 손해배상액의 예정액보다 실손해가 더 크다면 손해를 보니 문제가 크겠지요?

실손해는 실손해대로 배상받고 별개로 "위약벌"을 청구하고 싶다면 어떻게 할까요? 애당초 **계약 체결 시 "위약금" 조항의 의미가 "손해배상액의 예정"이 아닌 "위약벌"**임을 잘 표시해 놔야 합니다.

TIP
계약서상에 **실손해에 관한 손해배상 규정과 별개로 위약금(위약벌) 조항을 두고 있음을 분명히 기재하여** 실손해 배상과 별개로 위약벌 배상을 요구할 수 있습니다. 한편, 계약의 상대방으로서는 **별도의 실손해에 관한 손해배상이 없음을 들어, 위약금 조항의 성격이 손해배상액의 예정에 불과하고, 위 예정액의 배상만으로 분쟁이 종료된다고 주장**해 볼 수 있을 것입니다.

질문 계약 해지

뉴진스의 계약해지는 무모했을까. 계약해지 전 거듭 숙고해야 하는 사항은?

▶▶ 계약해지 사유가 있는지, 이행의 기회를 줬는지 수차례 살펴보세요!

답변

법원은 뉴진스의 소속사 어도어가 뉴진스 멤버들을 상대로 낸 '기획사 지위보전 및 광고계약 체결 등 금지' 가처분 신청을 받아들였습니다. **요지는, 뉴진스 측이 주장한 전속계약 해지 사유가 전부 인정되지 않는다고 판단한 것입니다.** 성급한 계약해지 주장으로 뉴진스의 향후 활동은 매우 불투명해졌습니다.

계약의 해지·해제를 주장하기 위해서는 당연히 계약 해지 등의 사유가 있어야 합니다. 계약 해지의 사유는 계약서로 정해 놓을 수도 있고, 채무 이행을 지체한 경우 등에 해제할 수 있다는 민법 등의 조항을 들어 주장할 수도 있습니다.

중요한 것은, 계약 위반의 경우 언제든 계약 해지가 가능한 것이 아니고, 계약 위반이 ① **계약 목적을 달성할 수 없을 정도이거나, 상호 간의 신뢰관계를 파탄 낼 정도에 해당해야 한다**는 것입니다. 또한, 해지의 요건이 충족되었더라도, ② **계약 위반자에게 상당한 시간을 주며 재차 계약상 의무 이행을 촉구**했어야 합니다. 그리고 ③ 이 모든 사실을 **증명할 책임은 계약 해지 등을 주장하는 자에게**

있습니다.

실무에서는 '계약 위반의 정도가 중대했다는 점' 또는 '충분히 이행의 촉구를 하였다는 점' 등을 증명하지 못해 계약 해지를 주장한 자가 패소하는 경우를 많이 목격합니다.

TIP

경미한 계약 위반에 불과한데도 덜컥 해지를 주장하는 경우, 오히려 나의 계약상 의무 불이행으로 발생하는 상대방의 손해를 배상해 줘야 할지 모릅니다. 계약 해지가 가능한지 확신이 없다면, **계약 위반으로 계약 목적을 달성할 수 없다는 점, 이행을 촉구한다는 점, 그래도 이행이 없을 경우 계약 해제하겠다는 점 등을 담은 내용증명 우편을 보내고, 상대방의 불성실한 회신을 증거로 확보하여 향후 분쟁을 대비**하는 것이 좋겠습니다.

질문 가계약금

가계약금만 지급된 경우, 그 배액만 지급하면 계약을 해제할 수 있나요?

▶▶ 계약이 성립했다면, 실제 교부받은 계약금이 아니라 약정한 계약금이 해약금의 기준이 돼요.

답변

매매의 당사자는 계약 시 주고받은 계약금은 한 당사자의 일방이 이행에 착수할 때까지 교부자는 이를 포기하고 수령자는 그 배액을 상환하여 매매계약을 해제할 수 있습니다. 즉, 매수인은 계약금을 포기하면 되고, 매도인은 받은 계약금의 2배를 상환해야 하죠.

그런데 요즘 계약금이 커졌죠. 계약을 하기 위해 당장 먼저 계약금 일부를 이체하는 경우가 많습니다. 예컨대, 아파트를 20억 원에 매매하기로 했다면, 계약금은 통상 10%인 2억 원이죠. 그런데 가계약금이라고 해서 매수인이 1억 원을 먼저 지급하는 경우가 많습니다. 이때 매도인은 얼마를 지급해야 해약금 해제가 가능할까요?

법원은 **계약금 일부만 지급된 경우 수령자가 매매계약을 해제할 수 있다고 하더라도 해약금의 기준이 되는 금원은 '실제 교부받은 계약금'이 아니라 '약정 계약금'이라고 봄이 타당**하므로, 매도인이 계약금의 일부로서 지급받은 금원의 배액을 상환하는 것으로는 매매계약을 해제할 수 없다고 본 사례가 있습니다. 결국 위 예시에서는 매도인은 약정 계약금인 2억 원의 배액을 상환해야 해약금 해제가 가능해요.

TIP

사람들 사이에 구두 약정도 약정이고, 문자로 주고받은 것들도 계약을 인정할 수 있는 증거가 됩니다. 따라서 실제 계약서를 작성했는지는 별론으로 하고 매매목적물, 매매대금, 계약금, 잔금지급일, 중도급 지급방법 등이 정해져 있다면 매매계약이 성립했다고 보아야 합니다.

한편, 가계약금을 지급했다 하더라도, 구체적인 의사의 합치가 없거나 매도인이 제삼자와 계약하는 데 아무런 제한이 없다면 가계약금의 지급만으로는 실제 계약이 체결되었다고 볼 수 없어서 부당이득반환으로 처리될 수도 있어요. 구체적인 사실관계에 따라 법적 처리 방식이 달라질 수 있어요.

질문 동업계약

언제나 함께할 것 같았던 동업계약, 헤어질 준비가 되어 있나요?

▸▸ 손익분배비율, 탈퇴, 청산에 관하여 특히 잘 정해 놓는 게 중요합니다!

답변

실무에서 많이 문제되는 것 중 하나가 바로 동업 분쟁입니다. 2인 이상이 서로 출자하여 공동사업을 경영할 목적으로 결합하는 경우 이를 "조합"이라고 합니다. 문제는 조합을 결성하면서 종료 시 어떤 절차를 거칠지 정한 경우가 매우 드물다는 것입니다.

동업하실 땐 특히 다음 3가지를 꼭 주의하셔야 합니다.

첫째, **손익분배비율**을 정하세요. 손익분배비율을 어떻게 할지는 자유입니다. 다만, 손익분배비율을 정하지 않은 경우에는 **출자가액에 비례**한다고 판단합니다. 출자는 금전 이외에 재산권, 노무, 신용 등으로도 가능합니다. **금전 외의 출자의 경우 구 이를 출자가액 내지 지분으로 치환할 때의 가치(액수)를 잘 정하세요.**

둘째, 조합체는 조합재산을 **"합유"**하는 특징이 있습니다. "소유" 내지 "공유"와는 다른 개념입니다. 조합원 **전원의 동의가 있어야** 조합재산에 대한 지분을 처분할 수 있고, 지분 처분 시는 조합원 자격도 사라집니다. 또한, 조합원 전원 동의가 없는 한 합유물인 조합재산의 분할을 청구할 수 없습니다.

셋째, 조합 **탈퇴**에 관한 특징을 숙지하세요. 조합은 기간을 정하지 않은 경우 언제든 탈퇴할 수 있으나, **부득이한 사유 없이 조합에 불리한 시기에 탈퇴할 수 없습니다. 기간을 정했다면 부득이한 사유가 있을 때만 탈퇴할 수 있습니다.** 다만, 탈퇴를 영원히 금지하는 특약은 무효입니다. 탈퇴 시 조합재산의 청산은 탈퇴 당시의 재산상태를 기준으로 **조합 내부의 손익분배비율을 적용**하고, 이를 정하지 않은 경우 **출자가액 비례**해서 정합니다.

TIP

결국 동업계약서에는 ① 동업 목적, ② 출자, ③ 손익분배비율, ④ 업무분담 및 의사결정 방식, ⑤ 추가 출자 및 동업자 변경, ⑥ 계약기간, 탈퇴 및 청산, ⑦ 기타(비밀유지, 경쟁금지, 분쟁해결) 사항이 구체적으로 기재되는 게 좋습니다. 조합체가 조합재산을 "합유"한다는 특징도 잘 명심하세요.

질문 변호사비용

억울한 소송을 당해서 변호사비용을 썼는데 보전받을 수 있을까요?

▶▶ 소송 가액에 따라 일부 보전을 받을 수 있습니다!

답변

내가 소송을 직접 할 수도 있지만, 요즘 법적 분쟁이 치열해서 대부분 전문가인 변호사에게 도움을 받아 처리하지요. 상대방이 돈을 안 주는데 나는 법을 잘 몰라서 부득이하게 변호사를 선임해서 소송할 수도 있고, 난 아무 잘못이 없는데 소송을 당해서 변호사를 선임해야 하는 경우가 있습니다. 후자가 특히 억울하죠.

그런데 소송을 해서 승소하면 패소한 상대방에게 사용하신 변호사비용 일부를 청구할 수 있습니다. 다만 아쉽게도 전부 다 패소한 상대방에게 부담시키지는 않아요. 소송가액에 비례해서 산정한답니다. 예컨대, 소송가액인 5,000만 원을 달라는 대여금 소송이었는데 전부 승소했다면, 상대방에게 440만 원 한도 내에서 사용한 변호사비용을 청구할 수 있죠. 소송가액이 1억 원이라면 740만 원 한도 내에서 청구할 수 있어요.

소송가액은 대여금 청구와 같이 금액이 딱 정해진 것은 그대로 소송가액이 되는데, 처분 취소소송 같은 것은 소송가액을 5,000만 원 정액으로 간주하기도 하고, 경우가 다양하니 소송을 맡긴 변호사에게 확인하시면 됩니다.

TIP

가끔 변호사가 아닌 분들이 혼자 소송해서 이기신 이야기를 들을 때가 있습니다. 너무 훌륭하시죠. 본업도 있는데, 어려운 소송까지 직접 해서 승소하셨다니 말이죠. 그런데 자세히 보면 비효율적으로 일을 처리거나 소송하시느라 몸도 마음도 상한 분들이 많습니다.

만약 승소했는데 변호사비용을 지출하지 않은 경우라면 상대방에게 청구할 수 없어요. 그러니 유능한 변호사 도움을 받으시는 게 합리적입니다. 혼자 소송하다 보면 놓치는 부분도 있고, 결과가 좋지 않은 때도 많으니까요.

상담할 때 일반 의뢰인은 재판장인 판사가 보았을 때 쟁점이 아닌 부분만 장황하게 이야기할 때가 많습니다. 결국은 제삼자인 재판장을 논리적으로 설득해야 승소할 수 있다는 점을 명심해야 합니다.

질문 정보공개청구

정보공개청구에 대해 궁금합니다!
▶▶ 정보공개청구의 '정보'의 의미, '비공개 대상 정보', '불복 방법' 등에 대해 알아 놓으면 좋습니다!

답변

바야흐로 정보가 힘인 시대입니다. 정보공개법은 공공기관이 직무상 작성 또는 취득하여 관리하고 있는 문서 및 전자매체 등에 기록된 사항에 대한 정보공개청구권을 규정하고 있습니다. 공공기관의 업무는 국민의 세금으로 진행되는 만큼, 국민의 알권리, 감시, 감독 차원에서 정보공개는 광범위하게 허용되어야 한다고 생각합니다. 다만 정보공개 청구 시 꼭 고려해야 하는 사항이 있어 말씀을 드리고자 합니다.

첫째, 정보공개청구의 대상인 '정보'의 의미입니다. 다시 말씀드리지만, **'정보'는 '공공기관이 직무상 작성, 취득, 관리하고 있는 문서나 전자매체 등에 기록된 사항'**입니다. 따라서 공공기관이 법적인 필요에 따라 보관하는 문서에 대해서 정보공개를 할 수 있을 뿐, 일반적인 민원의 일환으로서 궁금한 점에 대해 답하라는 식의 정보공개청구는 적절한 청구가 아닙니다. 그 경우 공공기관은 해당 정보를 보유, 관리하지 않다는 이유로 기각 처리를 하게 됩니다.

둘째, 정보공개법은 **비공개되는 정보들**에 대해 규정하고 있습니다. 정보공개법 제9조 제1항은 국가안전보장, 국방, 통일, 외교관계에 관한 사항(제2호), 공개될 경우 국민의 생명, 신체, 재산 보호에 현저한 지장을 초래하는 정보(제3호), 진행 중인 재판, 수사 등과 관련된 정보(제4호), 입찰계약, 인사관리 등 의사결정 과정 또는 내부검토 중인 사항으로서 공개될 경우 공정한 업무수행에 방해가 되는 사항(제5호), 공개될 경우 사생활의 비밀 또는 자유가 침해되는 개인정보(제6호) 등에 대해 비공개할 수 있다고 규정합니다. 그렇다면 자신이 청구하고 있는 정보가 위 비공개 대상에 해당하지는 않는지 먼저 살펴볼 필요가 있습니다.

셋째, 정보공개청구에도 불구하고 청구가 기각되었다면, 정보공개법에 따른 이의신청, 행정심판, 행정소송 등을 통해 불복할 수 있으니 잘 검토하여야 합니다.

TIP

의미 있는 정보공개청구도 있지만 악성 민원 성격의 정보공개청구도 많습니다. 실제 정보 이용의사가 전혀 없으면서 여러 공공기관에 수백~수천 건의 공개청구를 하는 경우가 많습니다. 이로 인해 담당자들은 많은 고통을 받지요. 위와 같은 경우 **권리 남용**에 해당한다는 이유로도 공개청구가 기각될 수 있습니다.

> **질문** 행정심판의 효용성
>
> 행정청의 처분에 대해 다투고 싶어요. 행정심판을 청구할까요, 아니면 바로 행정소송을 제기할까요?
> ▶▶ 처분의 위법, 부당성이 명확한 경우가 아니라면, 행정심판이 받아들여지지 않을 가능성이 있습니다.

답변

행정청이 어떠한 처분(예: 사업 불허가처분)을 내린 경우, 이를 다툴 수 있는 방법은 크게 세 가지가 있습니다. 내부적인 이의제기, 행정심판, 행정소송입니다. 여기서는 행정소송과 비교하여 행정심판의 효용성에 대해 살펴보겠습니다.

행정소송을 제기하기 전에 반드시 행정심판을 거쳐야 하는 경우가 있습니다. '필요적 전치주의'라고 합니다. 공무원에 관한 처분, 조세 처분 등에 불복하는 경우 반드시 행정심판을 거쳐야 합니다. 다만 위 경우를 제외하고는, 행정소송을 제기하기 전에 행정심판을 거칠 필요는 없습니다. 이를 '임의적 전치주의'라고 합니다.

그 경우 고민이 됩니다. 행정소송을 제기하기 전 행정심판을 청구하는 것이 좋을지를요. 일단 행정심판을 제기할 실익으로는, 취소심판(행정심판)은 행정청의 처분이 **"위법"한 것뿐만 아니라 "부당"하다고 인정될 때** 취소될 수 있으나, 취소소송(행정소송)은 행정청의 처분이 **"위법"해야** 취소될 수 있다는 차이는 있다는 것입니다. 또한, 행정소송 전에 판단받을 수 있는 기회가 한 번 더 있다는 점도 특징이겠네요.

그럼에도 불구하고 판단 주체의 측면에서 행정심판은 그 본질적인 한계가 있을 수도 있습니다. 행정소송은 행정청과는 완전히 별개의 주체인 법원이 처분의 위법성을 판단하지만, **행정심판은 처분을 내린 행정청 내지 그 상위 행정청이 두는 행정심판위원회가 판단**합니다. 그렇다면 행정청의 처분이 **명백히 잘못되었다는 증거가 없는 이상**, 같은 동류에 속한다고 볼 수 있는 행정심판위원회가 취소결정을 내리기 어려울 수 있다는 말입니다.

물론 취소심판을 청구했는데 청구가 기각되는 경우, 행정소송을 제기하면 됩니다. 법원이 최종적으로 처분의 위법 여부를 판단해 주겠지요. 다만 바로 행정소송을 바로 제기하는 것보다 불필요한 시간이 걸릴 수 있다는 단점이 있어 고민을 해 보셔야 합니다.

TIP
가족이나 가까운 친구가 제게 와서 행정심판, 행정소송 중 무엇을 선택해야 하냐고 묻는다면, 사안의 구체적인 내용을 살펴서 처분의 위법, 부당성을 증명할 명확한 증거가 있는지 먼저 확인한 뒤 결정하라고 조언해 줄 것 같습니다.

질문 행정소송의 효용성

취소소송을 제기하여 승소가 확정되었는데, 행정청이 같은 처분을 다시 내렸어요. 어떡하죠?

▶▶ 행정청은 기본적 사실관계가 동일하지 않은 사유를 들어 같은 처분을 다시 내릴 수 있습니다.

답변

앞서 행정심판의 효용성에 대해 논의를 하였습니다. 이번에는 더 본질적인 문제를 한 번 제기해 보고자 합니다. 행정소송은 과연 효용이 있을까요?

무슨 말인지 어리둥절하신가요. 행정청이 어떤 특정한 처분(예: 사업 불허가처분)을 내렸다고 가정해 봅시다. 사업을 진행하려는 사업자로서는 해당 불허가처분의 취소를 구하기 위해서 행정소송을 제기할 것입니다. 그렇게 1년이 넘는 기간 동안 열심히 싸워 결국 승소하였다고 가정해 봅시다. 위 판결에도 불구하고 행정청이 절대로 허가처분을 내려 주고 싶지 않다면 어떻게 할까요?

일단은 행정청은 2심 항소, 3심 상고를 할 것입니다. 각 심급마다 짧으면 6개월, 길면 1년이 넘는 기간 동안 소송을 해야 합니다. 이미 1심만 해도 1년이 넘게 걸렸는데 또다시 소송이라니요. 사업자는 좌절합니다. 그래도 꾸역꾸역 버텨서 어떻게 대법원 승소확정판결을 받았다고 해 봅시다. 그다음은 어떻게 될까요?

행정청은 최초의 사업 불허가처분의 사유와 **다른 사유를 들어** 똑같이 사업 불허가처분을 내릴 수 있습니다. 법원은 **최초 처분 사유와 기본적 사실관계가 동일하지 않은 사유를 들어 동일한 재처분을 내리는 것은 위법이 아니라고** 판단하고 있습니다. 예를 들어, 최초 사업계획이 건설폐기물법상 허가기준을 충족하지 못한다는 이유로 사업불허가 처분을 했다가, 나중에는 위 사업계획이 환경오염 발생 우려가 있다는 식으로 불허가 처분을 할 수 있다는 것입니다. 이 경우 해당 처분이 진짜 위법한지 가리는 것은 큰 의미가 없을 수 있습니다. 왜냐하면 사업자는 시간이 생명인데, 다시 소송으로 새로운 불허가처분을 다투기에는 그 2~3년의 시간 자체가 너무 가혹한 현실이거든요.

TIP

행정심판 또는 행정소송을 제기하더라도, 처분청 담당 공무원들과 너무 사이가 틀어지면 좋지 않을 수 있습니다. 항상 무엇이든 감정이 앞서기보다는 원만하게 해결할 수 있도록 소송 외적으로도 노력해야 할 일들이 많습니다.

제 2 장

부동산

질문 특약사항

부동산 계약서에 특약을 넣으면 무조건 유효한가요?
▶▶ 아니요. 특약을 넣었다고 해서 모두 유효한 것은 아닙니다!

답변

　부동산 매매계약 또는 임대차계약을 체결하는 경우 통상 공인중개사가 교부하는 일반적인 계약 형식을 사용하고 뒤쪽에 특약사항을 추가 기재합니다. 특약 역시 계약 당사자 사이의 합의로서 '계약자유의 원칙'에 기해 원칙적으로 유효합니다.

　다만, 다음의 경우에는 계약 내용이 무효라고 판단될 수 있습니다.

　첫째, **강행법규 위반**입니다. 강행법규란 반드시 지켜져야 하는 법 조항으로서 당사자의 합의로서도 무력화시킬 수 없습니다. 예를 들어, 주택임대차법, 상가임대차법은 **임차인의 계약갱신권**을 보장하고 있어요. 이는 **강행규정**으로서 계약갱신권을 행사하지 않기로 한다는 취지의 계약은 효력을 갖지 않습니다. 예컨대, 민법 제580조는 매매 목적물에 하자가 발견되는 경우 매수인이 하자를 알지 못했고 이로 인해 매수 목적을 달성하지 못하는 경우 계약 해제권을 보장하며, 매수인은 매도인에게 손해배상을 청구할 수도 있습니다. 그런데 계약서에 위 민법 제580조 **하자담보책임을 배제하는 조항**을 넣으면 이는 **무효**입니다.

　둘째, **선량한 풍속, 기타 사회질서에 위반**되는 내용은 무효입니다. 반사회질서적인 극단적인 예로는, 계약을 불이행할 시 폭행을 가해도 이의를 제기하지 않겠다는 등의 내용이며 상식적으로도 당연 무효로 판단될 것입니다.

셋째, 당사자의 **궁박(급박한 곤궁), 경솔 또는 무경험을 이용**하여 폭리를 취하려는 의도에서 **현저하게 불공정하게 체결된 계약** 내용은 무효로 판단될 수 있습니다. 법원은 재건축사업이 취소되지 않기 위해서는 반드시 자신의 토지를 매수해야 한다는 점을 알고 해당 토지 면적, 지목 자체로는 아무런 효용이 없음에도 **알 박기**를 이용해 폭리를 취한 경우 계약에 현저한 불균형이 존재하므로 계약이 무효가 될 수 있다고 판단했습니다.

TIP

흔치 않은 특약의 내용으로 분쟁이 발생했다면 그 효력을 부인할 수 없을지 검토해 보세요. 다만 더 중요한 것은 계약서 날인 전 모호하거나 해석의 여지가 커서 문제가 될 수 있는 계약 내용을 미리 거르는 것입니다.

질문 다세대주택, 다가구주택

다세대주택과 다가구주택, 뭐가 다른가요? 겉보기엔 비슷해 보여서요.

▶▶ 다가구는 한 접시에 담긴 보증금을 임차인들이 순서대로 나눠 갖는 구조고, 다세대는 각자 자기 접시에 담긴 보증금을 각자 챙기는 구조입니다.

답변

비슷해 보이지만 법적으로는 완전히 다른 두 유형의 주택이 있습니다. 바로 '다가구주택'과 '다세대주택'입니다. 둘 다 여러 세대가 거주하는 구조라 외형상 구별하기 어렵지만, **등기 방식과 임차인의 권리 보호 방식에서는 큰 차이**가 있습니다.

먼저, 다가구주택은 **건물 전체가 하나의 단독주택으로 등기됩니다**. 한 명의 소유자가 건물 전체를 소유하며, 그 안의 각 호실은 **법적으로는 구분되지 않은 공간**일 뿐입니다. 따라서 여러 명의 임차인이 각기 다른 호실에 살고 있어도, **법적으로는 모두 동일한 '하나의 건물'을 대상으로 임대차계약을 체결한 셈**이 됩니다.

예를 들어, 방 101호, 201호, 301호에 각각 임차인이 살고 있더라도 다가구주택이라면 이들은 하나의 부동산에 대해 함께 권리를 주장하는 구조입니다. 따라서 보증금 반환 시에는 저당권자 등 다른 선순위 권리자뿐 아니라 **다른 임차인보다 내가 먼저 권리를 취득했는지도 중요해집니다**. 같은 건물 안에서도 **임차인끼리 우선순**

위를 다투는 경우가 생기는 것입니다.

반면, 다세대주택은 **각 호실이 개별 구분등기** 되어 있어, 101호에 사는 임차인은 오직 101호라는 독립된 부동산에 대해 임대차계약을 체결한 것입니다. 이 경우에는 저당권자 등 다른 **선순위 권리자와의 권리관계만 따지면 되며**, 다른 호실의 임차인과 보증금 반환 순위를 놓고 다툴 일은 없습니다.

TIP

이처럼 외형은 비슷해 보여도, **계약 구조와 권리 보호 범위는 전혀 다르기** 때문에 계약 전 반드시 등기부등본을 통해 다가구인지, 다세대인지 확인하는 것이 매우 중요합니다. 계약 전 등기부등본을 확인해 주택 유형을 파악하고, 다가구주택이라면 선순위보증금을 반드시 확인해야 합니다.

질문 　신탁부동산의 임대차

임대차계약을 체결하려고 보니, 등기부에 신탁등기가 있는데 임대차계약을 체결해도 될까요?

▶▶ 신탁부동산은 원칙적으로 수탁자만 임대할 수 있으므로, 위탁자와 계약하려면 반드시 임대권한이 있는지 확인해야 합니다!

답변

전세계약을 체결하려고 등기부를 열람했더니 '신탁'이라는 단어가 보인다면, 일단 잠시 멈추고 신중히 확인해야 합니다. **신탁부동산은 위탁자가 아닌, 수탁자가 진정한 소유자로 간주**되기 때문입니다. 즉, 원칙적으로는 수탁자만이 임대차계약을 체결할 수 있는 권한을 가지며, 위탁자가 마음대로 임대할 수는 없습니다.

그런데 실무에서는 신탁계약에 따라 수탁자가 위탁자에게 일정한 범위 내에서 임대권한을 위임해 주는 경우도 종종 있습니다. 이런 경우에는 위탁자가 임대인으로서 계약을 체결할 수 있지만, 중요한 점은 **실제로 위임이 있었는지를 명확히 확인해야** 한다는 것입니다.

단순히 위탁자가 "내가 주인이다"라고 말한다고 해서 이를 믿고 계약을 체결하면, 임대권한 없는 자와의 계약이 되어 **주택임대차보호법이나 상가건물임대차보호법의 보호를 전혀 받지 못할 수 있습니다.** 대법원도 최근 "임차인이 수탁자의 동의를 받아 위탁자의 계약을 체결한 경우에만 임대차계약의 유효성이 인정된다"라고 판단한 바 있습니다.

따라서 신탁부동산의 경우에는 반드시 수탁자의 임대권한 유무를 확인하여야 합니다.

TIP

신탁부동산에서 임차인의 권리를 지키기 위해서는, 반드시 신탁원부 또는 수탁자의 위임장 등, **임대권한이 위탁자에게 유효하게 부여되었는지를 먼저 확인**해야 합니다. 별거 아닌 것 같아 보이지만, 그 단 한 줄의 위임조항이 없으면, 임대차계약이 무효가 되어 법적인 보호를 받기 어려우며, 또 보증금도 돌려받기 힘들어질 수 있습니다.

질문 계약갱신권

집주인이 보증금을 증액해야만 전월세 갱신을 해 주겠다는데 어떻게 하죠?

▶▶ 갱신 요구를 부당하게 거부하면 손해배상 책임을 질 수 있습니다!

답변

전월세 갱신권이 있다고는 들었는데, 막상 집주인이 막무가내로 이를 인정하지 않겠다면 크게 당황하는 경우가 많습니다. 보증금을 원하는 수준으로 증액하지 않으면 본인이 직접 들어와서 살겠다는 집주인, 어떻게 대응해야 할까요?

임대인은 주택 임차인이 임대차기간이 끝나기 6개월~2개월 전에 **계약갱신**을 요구하는 경우 **정당한 사유가 없으면 거절하지 못합니다.** 이때 계약갱신을 하면 1회에 한해서 2년의 임대차기간을 보장하며, 임대인의 요구에도 차임 또는 보증금의 증액은 5%를 초과할 수 없습니다.

임대인이 계약갱신을 거절할 수 있는 사유는 임차인의 **차임연체가 있었거나, 임차인이 주택의 전부 또는 대부분을 철거, 재건축하는 경우, 임대인 내지 그 직계존비속이 실거주하려는 경우** 등에 한정됩니다.

예컨대, 임대인이 실거주를 이유로 계약갱신을 거절하였는데, 정당한 사유 없이 제3자에게 임대목적물을 임대한 경우 임대인은 **갱신거절로 인해 임차인이 입은 손해를 배상**해야 합니다. 손해배상액은 (i) 갱신거절 당시 월차임(보증금이 있는 경우에는 이를 월 차임으로 전환해서 계산한 환산월차임)의 3개월분, (ii) 임대인이 제3자에게 임대하여 얻은 환산월차임과 갱신거절 당시 환산월차임 간 차액의 2년분에 해당하는 금액 중 큰 금액으로 합니다.

   법원은 일관되게 **실거주**할 것이라는 점에 대해 **임대인이 증명할 책임**이 있다고 판단하고 있습니다. 특히 진정한 실거주 의사 여부를 판단할 때는 "임대차계약 **갱신 요구 거절 전후 임대인의 사정**, 임대인의 실제 거주의사와 **배치·모순되는 언동의 유무**, 이러한 언동으로 계약갱신에 대하여 형성된 임차인의 정당한 신뢰가 훼손될 여지가 있는지 여부" 등을 종합적으로 고려해야 한다고 판단했습니다.

TIP

임대인이 5%를 초과하는 보증금의 증액을 요구하였는데 임차인이 이를 **거절하자 갑자기 실거주할 것임을 표명**하였고, **이후에도 보증금 증액에 관한 논의가 계속되었다면** 진정한 실거주 의사가 없다고 판단될 수 있습니다.

질문 권리금 회수

특정 업종을 영위하는 신규 임차인과의 계약 거부가 권리금 회수 방해일까요?

▶▶ 상가임대차법이 규정한 권리금 회수 방해의 예외 사유에 해당하는지 살펴보세요!

답변

상가임대차법은 기존임차인이 신규임차인에게 권리금을 지급받을 수 있고, 임대인이 ① **신규임차인에게 권리금을 요구하거나,** ② **기존임차인에게 권리금을 지급하지 못하게 하거나,** ③ **신규임차인에게 현저히 고액의 차임, 보증금을 요구하거나,** ④ **정당한 사유 없이 신규임차인과의 임대차계약 체결을 거절하는 것**을 금지하고, 이를 **위반하면 임대인이 손해배상** 책임을 집니다.

다만, 임대인은 i) 신규임차인이 보증금, 차임 지급 능력이 없거나, ii) 신규임차인이 임차인 의무를 위반할 우려가 있거나, iii) 임대차 목적물을 1년 6개월 이상 영리목적으로 사용하지 아니하거나, iv) 임대인 주선 신규임차인이 기존임차인에게 권리금을 지급한 뒤 기존임차인이 새로운 임차인에게 권리금을 지급받으려 할 때는 임대차계약을 거절할 수 있습니다. 이때 기존임차인은 신규임차인의 보증금 및 차임 지급 자력, 임차인으로서의 의무 이행 의사 및 능력에 관한 자신의 정보를 제공하여야 합니다.

그렇다면 임대인이 **특정 업종을 영위하는 임차인과의 계약 체결을 거부하는 경우**는 어떨까요?

빵 판매업(일반음식점)을 하던 임차인이 실내포차 영업을 하는 신규임차인을 주선하였는데 임대인이 음식 냄새와 음주 소란 등을 이유로 신규임대차계약 체결을 거절한 사안에서, 법원은 1) 임대인과 기존임차인 사이에서 술이나 음식 판매 **업종을 제한하는 약정이 없던 점**, 2) 신규임차인에게 환기시설, 영업시간 조절을 요구하는 등으로 냄새나 소란 등 **문제를 해결해 보려 하지 않은 점**, 3) 주변 상가에 이미 술과 고기를 파는 양고기 식당 등이 있는 점 등을 고려할 때 위법한 권리금 회수 방해가 있었다고 판단했습니다.

TIP
일률적으로 말하기는 어렵지만, 상가임대차법이 정한 사항 외의 사유로 신규임차인과 계약 체결을 거부하기 위해서는 세심한 검토가 필요합니다.

질문 명도소송

임대차계약 종료 후 세입자가 나가지 않을 때 명도소송을 하면 되나요?

▶▶ 점유이전금지가처분 신청을 통해 승소 이후의 강제집행을 미리 준비하세요!

답변

꿈의 직업이라고 불리는 임대인, 그러나 실무에서는 생각보다 많은 임대인분들이 임차인들과의 분쟁으로 인해 어려움을 호소하십니다.

임대차계약 종료 후, 임대인이 보증금을 반환한 경우 임차인은 더 이상 임대차 목적물에 대한 권한이 없습니다. 따라서 임대인은 임대차 목적물에 대한 소유권이나 임대차계약의 해지를 이유로 부동산의 인도를 청구할 수 있습니다. 이 소송을 흔히 **'명도소송'**이라고 합니다.

명도소송을 하는 경우, 통상 연체된 임차료 등에 대한 반환청구를 같이 합니다. 그런데 그보다 중요한 것은 **점유이전금지 가처분 신청을 함께** 하는 것입니다.

많은 소송이 그러하듯 명도소송 역시 승소판결을 받는 것보다, 판결 이후 그 판결의 내용대로 집행할 수 있는지가 중요합니다. **승소판결을 받더라도 만약 그사이에 기존임차인이 불법점유하고 있던 임대차 목적물을 임의로 "제3자"에게 넘기는 경우**, 임대인은 임대목적물을 인도받지도 기존임차인을 퇴거시키지도 못하게 됩니다. 판결은 "**기존임차인**"에게 임대차 목적물을 인도하라고 명한 것이지, "**제3자**"에게 명한 것이 아니기 때문이니까요.

그런데 임차인을 대상으로 임대차 목적물의 점유이전을 금지하는 내용의 가처분이 받아들여지면, **점유가 이전되더라도 기존임차인(가처분채무자)는 임대인(가처분채권자)에 대한 관계에 있어서 여전히 그 임대차 목적물 점유자의 지위**에 있다고 봅니다. 그 경우 임대인은 제3자가 기존임차인의 승계인이 맞다는 내용의 승계집행문을 발급받아, 제3자의 점유를 배제(퇴거, 반환 요청)할 수 있습니다.

TIP

유사한 내용으로, 매수인이 대금을 모두 지급하고도 매도인이 부동산의 등기이전을 해 주지 않을 경우, 매도인을 상대로 (소유권이전등기 청구 소송을 제기하기 전) **부동산처분금지가처분**을 신청하는 경우가 있습니다. 그 경우 매수인이 제3자에게 소유권을 넘기거나 저당권 등을 설정하더라도, 가처분을 미리 받아 놓은 매도인에게는 효력이 없습니다.

질문 임대차 종료

임대인으로부터 보증금을 돌려받기 위한 전제 조건이 무엇인가요?

▶▶ 임대차계약이 종료가 되어야 보증금을 돌려받을 수 있습니다.

답변

실무상 임대차보증금 반환을 청구하는 과정에서는 분쟁이 자주 발생합니다. 특히 중요한 것은, 임대인으로부터 보증금을 돌려받기 위해서는 임대차계약이 먼저 종료되어야 한다는 점입니다. 이번에는 임대차계약을 어떻게 종료시킬 수 있는지를 살펴보겠습니다.

우선 임대차계약 역시 사적자치의 원칙을 적용받기 때문에, 임대인과 임차인이 합의한 경우 언제든지 자유롭게 계약을 종료할 수 있습니다. 문제는 당사자 간 합의가 되지 않은 경우입니다.

이 경우 약정한 계약기간이 만료되기를 기다려야 합니다. 한편, 주택임대차보호법을 적용받는 임대차계약을 임차인이 종료하려면 **계약기간 만료 2개월 전까지 갱신 거절 의사**를 표시해야 합니다. 만약 임대인과 임차인이 모두 그 시점까지 아무런 의사를 표시하지 않으면 **계약은 자동으로 동일한 조건으로 연장됩니다.** 따라서 갱신을 원하지 않는다면 반드시 해당 기간 내에 임대인에게 갱신 거절 의사를 통지하고, 그 내용을 증거로 남겨 두어야 합니다.

임대차계약이 묵시적으로 갱신된 경우 임차인은 언제든지 임대차계약의 해지 '통보'를 할 수 있습니다. 다만, 실제 계약 종료 효력은 해지 '통보'를 한 후 3개월이 지나야 발생합니다. 따라서 계약이 묵시적으로 갱신된 상황이라면, 즉시 임대인에게 해지 통고를 하고 계약 종료를 준비하세요.

　계약기간이 아직 끝나지 않았다면 계약 종료는 불가능할까요? 계약상 해지사유를 약정하였거나(약정해지), 임대인이 임대차 목적물을 사용·수익하게 할 의무를 다하지 않는 등 법이 정하는 해지요건을 충족하는 경우(법정해지)라면, 임차인은 해지권을 행사하여 계약을 종료시키고 보증금반환 청구를 할 수 있을 것입니다.

TIP
갱신 거절이나 해지 통지를 할 때는 반드시 내용증명 등으로 증거를 남겨 두는 것이 좋습니다. 단순한 휴대폰 문자만으로는 상대방이 "보지 못했다"라거나 "합의된 통지 방식이 아니다"라고 다툴 여지가 있기 때문입니다.

질문 임대차등기명령

보증금을 돌려받지 못한 상태에서 이사를 가야 할 때 반드시 해야 하는 것은?

▶▶ 임차권등기명령을 받으면 이사를 해도 대항력과 우선변제권을 유지할 수 있습니다.

답변

전세계약이 끝났는데 임대인이 보증금을 당장 돌려주지 못하겠다며 버티는 상황이라면 무척 당황스러울 텐데요. 이사가 급하다고 무턱대고 짐부터 빼는 건 매우 위험할 수 있습니다. 전입신고와 확정일자라는 두 개의 방패를 잃게 되어, '대항력'이 사라지고, 그 경우 경매 등에서 후순위로 밀려서 보증금을 모두 돌려받지 못할 수 있기 때문입니다.

이럴 때 꼭 필요한 절차가 바로 **임차권등기명령**입니다. 이는 "나는 아직 보증금을 못 돌려받았다"라는 사실을 등기부에 공시해 두는 제도입니다. 임차인이 이 등기를 해 두면, 이사를 가더라도 대항력과 우선변제권이 유지됩니다.

요건은 간단합니다. ① 계약기간이 끝난 상황에서, ② 보증금을 돌려받지 못한 경우라면 누구나 신청할 수 있습니다. 요건을 모두 갖추었다면, 관할 법원(지방법원, 지원, 시·군 법원 등)에 **임차권등기명령 신청서**를 제출하면 됩니다. 이때 신청서에는 **계약서 사본, 전입신고·확정일자 자료, 미반환 보증금 내역** 등을 첨부해야 합니다. 등기명령신청이 인용되면, 등기부에는 '임차권등기명령 결정'이 기입됩니다.

다만 한 가지 주의점이 있습니다. 이사 전에 반드시 등기를 마쳐야 한다는 것! 이사 후에 등기가 이루어지면, 이미 대항력이 소멸한 뒤라서 보호를 받지 못할 수 있습니다.

TIP
임차권등기명령은 법원의 결정만으로 효력이 발생하므로, 임대인의 동의는 필요하지 않습니다. 등기를 마치면 이사 후에도 대항력과 우선변제권이 유지되고, 경매 시에도 보호를 받을 수 있습니다. 신청서에는 계약이 종료하였음에도 보증금을 돌려받지 못했다는 사유를 명확히 적고, 등기가 마쳐진 뒤 이사 및 전입신고를 하는 것이 가장 안전합니다.

질문 보증금 반환 청구

계약이 끝났는데 임대인이 보증금을 안 돌려줘요. 어떻게 하죠?

▶▶ 내용증명부터 시작해, 소송과 강제집행까지 단계별로 대응이 필요합니다!

답변

임대차계약이 종료됐는데도 임대인이 보증금을 돌려주지 않는다면, 임차인은 단계별로 필요한 법적 절차를 밟아 대응해야 합니다.

우선 가장 먼저 할 일은 임대차 종료 사실을 알리고 보증금 반환을 요청하는 **내용증명** 우편을 보내는 것입니다. 내용증명은 단순한 항의로서가 아닌, 계약 종료로 인한 보증금 반환 청구권을 행사했다는 법적 권리 행사의 근거 자료로 남아 훗날 소송에서 중요한 증거가 됩니다. 요즘은 무료 양식 사이트를 활용할 수 있고, 우체국 홈페이지를 통해 보낼 수도 있어 편리합니다.

임대인이 반환을 계속 거부하거나 연락이 되지 않는다면, 이후 법적 절차로 넘어가야 합니다. 우선 고려할 수 있는 방법은 지급명령의 신청입니다. 임대인이 보증금 반환 의무 자체를 부인할 가능성이 낮고 다툼이 크지 않은 경우에는 **지급명령 신청**을 통해 비교적 빠르고 저렴하게 집행권원을 확보할 수 있습니다. 지급명령으로도 해결되지 않는다면, 결국 **보증금 반환청구소송**을 진행해야 합니다. 임대차기간이 끝났다면, 임차인은 퇴거하지 않은 상태에서도

소송을 제기할 수 있습니다(다만 퇴거하는 조건으로 반환하는 판결이 내려질 것입니다). 판결을 받은 후에는 곧바로 강제집행을 신청해 보증금을 회수할 수 있습니다. 이때 청구금액이 3,000만 원 이하라면 소액사건심판 절차를 통해 더 경제적이고 간편하게 재판을 진행하시기를 바랍니다.

TIP

임대인이 재산을 은닉하거나 빼돌릴 가능성이 있으면, 강제집행의 대상이 되는 임대인의 동산 또는 부동산을 보전하기 위해 임대인의 재산에 **가압류**를 신청하는 것도 고려해 볼 수 있습니다. 내용증명, 지급명령, 소송 등은 모두 보증금 반환을 위한 수단이므로, 상황에 맞게 적절히 선택하고 결합하는 전략적 대응이 핵심입니다.

질문 경매 절차 대응

임차해 살던 집이 경매에 넘어갔어요. 임차인이 보호받을 수 있나요?

▶▶ 배당요구를 놓치면 최우선변제금을 받을 수 없습니다. 반드시 배당요구의 종기 전에 자신의 권리를 주장하세요!

답변

전세로 살고 있던 집이 갑자기 경매에 넘어갔다는 소식을 들으면 누구라도 당황할 수밖에 없습니다. 하지만 임차인에게도 법이 보장하는 권리가 분명히 존재하므로, 차분히 필요한 절차를 밟아 권리를 보호받는 것이 중요합니다.

우선 가장 먼저 해야 할 일은 **'배당요구의 종기' 전까지 배당요구**를 신청하는 것입니다. 경매가 개시되면 법원이 배당요구의 기한을 공고하는데, 이 기간 내에 신청해야 보증금에 대한 배당 절차에 참여할 수 있습니다. 임차권등기명령을 이미 마친 경우에는 별도의 배당요구 없이도 권리가 인정됩니다.

배당요구 전 확정일자와 전입신고를 마친 상황이라면 법이 정한 **최우선변제금 한도** 내에서 우선적으로 보호를 받을 수 있습니다. 그럼에도 이미 **선순위 저당권이나 압류 등이 있는 상황이라면**, 배당 순위에 따라 보증금 전액을 받지 못할 가능성도 있습니다.

그렇더라도 배당요구를 하지 않으면 아예 아무런 권리를 보장받지 못하게 되므로 일단 반드시 기한 내 신청이 필요합니다. 또한,

집행법원이 정한 배당요구의 종기까지 대항력과 우선변제권을 유지하고 있어야 한다는 점도 유의하세요.

TIP
경매 절차에서는 임차인의 권리가 자동으로 보호되는 것이 아닙니다. 배당요구 종기 전까지 배당요구를 신청하지 않으면 보증금을 한 푼도 돌려받지 못할 수도 있습니다. 법원경매 사이트 등을 수시로 확인하고, 필요하다면 전문가에게 도움을 요청하는 것이 좋습니다.

질문 전세사기 종합 사례

깡통전세와 전세사기, 무엇이 달라요?

▶▶ 겉보기에 손해는 비슷하지만, 주의할 점도, 대응 방식도 전혀 다릅니다.

답변

겉보기에 깡통전세와 전세사기는 비슷해 보일 수 있습니다. 둘 다 임차인이 보증금을 돌려받지 못하는 상황이니까요. 하지만 법적으로는 조금 다른 개념이며, 주의할 점과 대응 방식이 완전히 다릅니다.

먼저 **깡통전세**는 주택 시세 하락, 과도한 대출 등으로 인해 집값보다 전세보증금이 더 높아진 경우를 말합니다. 임대인이 집을 팔거나 경매를 진행해도 보증금을 다 돌려줄 수 없는 상태가 된 것이죠. 이 경우 임대인에게는 민사상 반환 책임이 있지만, **처음부터 의도적으로 속인 것이 아니라면** 형사처벌까지 이어지긴 어렵습니다.

반면 **전세사기는 애당초 임차인의 보증금을 가로챌 의도로** 이루어진 계약입니다. 허위의 매물, 이중계약, 명의신탁, 위조된 권리관계 등을 이용해 임차인을 속이고 전세보증금을 받아 낸 경우, 이는 형법상 사기죄에 해당합니다. 고의와 기망이 인정된다면, 형사고소를 통해 가해자 처벌과 배상명령까지 가능합니다.

즉, 깡통전세는 '돌려주고 싶어도 못 주는 상황', 전세사기는 '애초에 돌려줄 생각이 없던 계약'으로 나뉩니다. 둘 다 결과적으로는 임차인이 손해를 보는 구조지만, 법적 책임의 무게와 대응 전략은 전혀 다르다는 점을 반드시 기억해야 합니다.

TIP
깡통전세는 시세 하락 등 시장 리스크에 가깝고, 전세사기는 범죄입니다. 깡통전세는 계약 전 '등기부', '주변 시세', '대출 현황'을 꼼꼼히 따져 피하고, 전세사기는 '보증보험 가입 거절', '명의가 자주 바뀐 집', '시세보다 터무니없이 낮은 전세가' 같은 조짐을 초기에 포착해 피하는 게 최선입니다.

질문 안전한 임대차계약 체결을 위한 준비 1

깡통전세와 전세사기를 피하려면? 등기부등본, 어디부터 어떻게 봐야 하죠?

▶▶ 등기부등본은 부동산의 법적 '이력서'입니다. 함께 소유자 확인부터 순서대로 권리관계를 따져 보시죠!

답변

앞서 임대차계약과 관련된 내용을 설명드리면서 "등기부를 꼭 확인하라"라는 말씀을 반복해 드렸습니다. 하지만 실제로 등기부등본(등기사항전부증명서)을 처음 열어 보면, 낯선 용어와 구조 때문에 무엇부터 봐야 할지 막막한 경우가 많습니다. 이번에는 부동산등기부등본에서 무엇을 확인해야 할지 알아보겠습니다.

등기부등본은 말하자면 **부동산의 '법적 이력서'**입니다. 누가 그 주인인지, 어떤 권리가 설정되어 있는지, 경매가 예정됐거나 가압류가 걸려 있는지 등 해당 부동산의 법적 상태와 위험 요소를 한눈에 보여주는 문서죠.

먼저 확인할 것은 소유자 정보입니다. 등기부의 **[갑구]**에는 현재 소유자의 이름과 주소가 기재되어 있는데요. 임대차계약을 체결하려는 경우 '임대인'이 해당 부동산의 소유자가 맞는지 반드시 신분증과 대조해 확인해야 합니다. 대리인과 계약한다면 위임장과 인감증명서의 확인이 원칙입니다. 신탁등기된 부동산의 경우, 계약하려는 임대인에게 진짜 계약 권한이 있는지 파악하기 위해 신탁원

부나 위임장을 꼭 확인해야 합니다.

[갑구]에는 소유권 외에도 압류, 가압류·경매개시 이력 등이 기록됩니다. 이런 등기사항은 보증금 반환이 어려울 수 있다는 위험 신호가 될 수도 있을 것입니다.

그다음은 **[표제부]**입니다. 표제부에는 주택의 주소, 지번, 구조, 면적 등 기본정보가 나와 있습니다. 등기부상의 지번, 동·호수와 계약하려는 물건이 일치하지 않으면 전입신고가 무효가 되어 대항력을 상실할 수 있어 주의가 필요합니다.

[을구]에는 저당권, 전세권 등 소유권 외 권리가 기재됩니다. 만약 이미 등기된 저당권이 있고, 그 금액(최고액)이 크다면 보증금 회수가 어려워질 수 있을 것입니다.

TIP
등기부등본은 계약 직전, 반드시 **'최신본'으로 확인**해야 합니다. 하루 전 등본이라도 그사이 저당권이나 가압류가 잡히면, 보증금을 한 푼도 돌려받지 못할 수 있습니다.

질문 안전한 임대차계약 체결을 위한 준비 2

깡통전세와 전세사기를 피하기 위해 등기부만 보면 충분한가요?

▶▶ 등기부는 출발점일 뿐입니다. 세금 체납, 선순위 보증금 등은 따로 확인해야 안전합니다.

답변

전세사기나 깡통전세를 피하기 위해 부동산등기부등본을 반드시 확인해야 한다는 점은 앞서 살펴본 바 있습니다. 하지만 등기부만 확인했다고 해서 모든 위험요소를 걸러 낼 수 있는 것은 아닙니다.

이는 등기부에는 임대차보증금 반환에 영향을 줄 수 있는 모든 권리관계가 기록되는 것이 아니기 때문입니다.

예를 들어, 해당 주택에 이미 확정일자를 받은 임차인이 있는지, 임대인이 세금 등을 체납하였는지 여부 등은 내 보증금 반환 여부에 중대한 영향을 미칠 수 있습니다. 그러나 위와 같은 사실은 등기부에 기재되지 않습니다.

다행히 주택임대차보호법은 임대차계약을 체결하려는 사람에게, **임대인의 동의를 받아**, 주민센터나 등기소 등에서 해당 주택의 **확정일자, 보증금, 차임 등을 열람하거나 서면으로 확인할 수 있도록 하는 제도**를 마련하고 있습니다. 이를 통해 혹여 보증금을 받지 못하였을 때, 임대차부동산 경매 후 환가 시의 선순위 배당자를 알 수 있습니다.

한편, 임대인은 임대차계약 체결 시 해당 주택의 확정일자 부여일, 차임 및 보증금 등의 정보 및 국세납세증명서 및 지방세납세증명서를 **임차인에게 제시할 의무**가 있습니다. 따라서 계약 전 세금 납부 여부 등을 반드시 확인하세요. 체납된 세금 등이 있는 경우, 임대차부동산 경매 후 가장 먼저 지급되므로 임차인으로서는 배당받을 수 있는 금액이 남아 있지 않을 수 있습니다.

TIP
저당권이나 가압류는 등기부로 확인할 수 있지만, **선순위 임차인의 존재나 세금 체납 여부는 열람이나 증명서로만 확인됩니다.** 계약 전 임대인의 동의를 받아 해당 정보를 반드시 미리 확인해야 합니다. 이 절차를 건너뛰면 보증금이 떼일 위험도 함께 커질 수밖에 없습니다.

제 3 장

권익보호

질문 청약철회

항공권 환불을 요구하니 거액의 취소 수수료를 요구하는 여행사/항공사. 대응 방법이 있을까요?
▶▶ 전자상거래법상의 청약철회권을 주장하세요!

답변

피치 못할 사정으로 여행이 취소되어 기분이 우울한데, 항공권 구매처에 환불을 요구하니, 환불을 거부하거나(바우처로 환불하겠다고 하거나), 거액의 취소 수수료를 요구하는 여행사/항공사 한번쯤 겪으셨나요? 고객센터 연결은 잘 안되고, 답변은 불성실하고, 왜 유독 여행/항공업계는 이렇게 고자세인지 모르겠습니다.

전자상거래법에 따르면 소비자가 전자상거래로 **계약을 체결한 지 7일 내에 환불을 요청하는 경우**, 통신판매업자는 특별한 사정이 없는 한 대금을 **전액 환불**하여야 합니다. 요즘 특히 온라인으로 외국 항공권을 파는 여행업체가 많은데요. 간혹 이 여행업체에 환불을 요구하면 자신들은 항공권 판매 중개만을 했다며 환불 책임을 외국 항공사에 떠넘기는 경우가 많습니다. 문제는 외국 항공사를 상대로는 환불을 요구하거나 법적인 조치를 취하기가 어려운 경우가 많다는 것이지요.

그런데 전자상거래법은 ① **통신판매업자는 물론, ② 대금을 받은 자, ③ 소비자와 통신판매에 관한 계약을 체결한 자가 동일인이 아닌 경우에도 이들이 모두 환불할 연대책임**을 진다고 규정하고 있습니다.

소비자가 **특정 온라인 사이트를 운영하는 여행업체를 통해 항공권을 구매하였고, 해당 업체에 대금 지급하였으며, 예약/발권/환불 등도 외국 항공사가 아닌 위 여행업체가 모두 전담하였다면**, 위 여행업체는 **항공권 판매계약을 체결한 자이면서도 대금을 받은 자 모두에 해당**하므로 환불 의무는 피할 수가 없을 것입니다.

TIP

거대 중국계 온라인 여행업체를 상대로 한 항공권 구입대금 환불 소송에서 승소 판결이 내려져 화제입니다. 위 여행업체는 국내 최대 로펌까지 선임하였지만, 법원은 위 온라인 여행업체가 소비자와 통신판매계약을 체결한 자에 해당한다고 판단하며 항공권 대금 전액을 환불하라고 판결하였답니다(서울서부지방법원 2024. 7. 17. 선고 2023가소349988 판결). 사실 제가 당사자로 수행했던 사건입니다!

질문 할부거래

덜컥 해 버린 헬스장 1년 계약, 취소하고 싶어요.
▶▶ 신용카드 할부거래 시 인정되는 청약철회권을 활용하세요!

답변

헬스장, 필라테스, 외국어학원 장기 이용권을 파격 할인 중이라며 당장 결제를 유도하는 경우가 있습니다. 일단 혹해서 결제했으나, 다시 생각해 보니 너무 성급한 결제인 것 같다는 생각이 듭니다. 어떻게 하면 좋을까요?

할부거래법에서 인정하고 있는 **청약철회권**을 행사하세요. 할부거래란 재화의 대금, 용역의 대가(재화 등)를 **'2개월 이상 기간'**에 걸쳐 **'3회 이상 나누어 지급'**하는 계약을 말합니다.

할부거래는 지급능력이 되지 않더라도, 당장 구매할 수 있기 때문에 충동구매가 발생하기 쉽습니다. 따라서 통상 '계약서를 받은 날' 또는 '청약의 철회를 방해받은 경우는 그 방해가 종료된 날'부터 각 **7일 이내**에 할부거래업자나 신용제공자(흔히 카드회사)에 청약철회 의사표시가 기재된 서면을 발송**(발송한 날 효력 발생)**하여 할부계약의 청약을 철회할 수 있습니다. 청약이 철회되면 소비자는 이미 공급받은 재화 등을 반환하여야 하고, 할부거래업자나 카드회사는 위 재화 등의 **대금을 3영업일 이내에 환급**하여야 합니다. 만약 이를 지연하면 **연 15%의 지연배상금**을 부담해야 합니다.

다만, i) 소비자의 귀책으로 재화 등이 멸실, 훼손되거나(내용 확인을 위해 포장이 훼손된 경우는 제외), ii) 사용 또는 소비에 의해 그 가치가 현저히 낮아질 우려가 있는 것으로 해당 재화 등을 이미 사용 또는 소비한 경우(예를 들어 항공기, 철도 서비스), iii) 시간이 지나 다시 판매하기 어려울 정도로 재화의 가치가 현저히 낮아진 경우, iv) 복제 가능한 재화 등의 포장이 훼손된 경우, v) 신용카드 할부가격이 20만 원 미만인 경우 등은 청약철회가 제한되니 주의하시기 바랍니다.

TIP

소비자는 할부거래법의 '청약철회권' 외에도 **'항변권'**을 사용할 수도 있습니다. **할부계약이 무효, 취소, 해제·해지, 채무불이행 등 되거나 다른 법률에 따라 정당하게 청약이 철회된 경우(예를 들어 전자상거래법상 청약철회권 행사)**, 20만 원 이상의 신용카드 할부계약은 그 지급을 거절할 수 있습니다.

> **질문** 불공정한 약관

불공정한 약관, 항상 따라야 하나요?
▶▶ 고객에게 부당하게 불리한 약관은 효력이 없을 수 있습니다!

> **답변**

온라인으로 회원가입을 하거나 서비스/상품에 가입할 때 "약관에 동의"하는 과정을 거칩니다. 읽어 보기에는 너무 긴 약관. 마음이 찜찜하면서도 "동의" 버튼을 누릅니다. 그런데 예상치 못한 분쟁이 발생하면, 사업주는 내가 동의한 약관부터 들이밉니다. 약관은 언제나 따라야 하는 것일까요?

약관은 **명칭, 형태, 범위에 상관없이** 계약의 당사자가 **여러 명의 상대와 계약을 체결하기 위해 일정한 형식으로 미리 마련**한 계약 내용을 말합니다.

이때 중요한 것은, i) **고객에게 부당하게 불리한 조항**, ii) **계약의 거래형태 등 관련된 모든 사정에 비추어 예상하기 어려운 조항**, iii) **계약의 목적을 달성할 수 없을 정도로 계약에 따르는 본질적 권리를 제한하는 조항**은 공정성을 잃은 것으로 추정하여 무효가 되며, 사업자는 **불공정약관을 계약의 내용으로 할 수 없다는 것입니다.**

다만, 법원은 약관이 고객에게 다소 불이익하다는 점만으로는 부족하고, 거래상 지위를 남용하고 계약 상대방의 정당한 이익과 합리적인 기대에 반하여 형평에 어긋나는 약관 조항을 사용하여, 건전한 거래질서를 훼손하는 등 **고객에게 부당하게 불이익을 줬다는 점**이 인정되어야 한다고 판단했습니다. 또한, 문제 조항만이 아니라 **전체 약관내용을 종합적 고찰**한 후에 판단해야 하고, 통상적인 **거래관행, 거래대상인 상품이나 용역의 특성 등을 함께 고려**해야 한다고 판단하였습니다.

TIP

소송에서 약관 무효를 주장할 수도 있지만, **공정거래위원회에 약관심사**를 청구하는 것도 고려해 보세요 공정위 조사 후 불공정약관으로 인정되면 삭제, 수정 등 시정명령 있고, 이를 이행하지 않는 경우 최대 징역형의 형사처벌을 받게 됩니다. 기업으로서는 공정위의 약관 시정명령이나 사안이 이슈화되는 것을 더 두려워할 수 있습니다. 이에 착안한다면 공정위를 상대로도 적극 문제제기를 할 필요가 있습니다.

> **질문** 보험계약자의 고지의무

보험사고가 났음에도 보험회사가 보험금을 지급하지 않고 있어요.

▶▶ 보험계약 체결 시 고지의무를 제대로 이행하여야 합니다!

답변

실무에서 보험사가 보험금을 지급하지 않는 경우를 종종 목격합니다. 보험사의 미지급은 일견 타당해 보이는 경우도 있고, 다소 납득이 되지 않는(보험금이 특정 금액 이상인 경우 소송을 가는 내부 정책 등에 기인) 경우도 있습니다.

흔히 문제되는 것은 보험계약자의 **고지의무 위반**입니다. 보험계약자 또는 피보험자(이하 '보험자')는 **보험계약 체결 당시에 중요한 사항을 고지하거나 부실고지를 하지 말아야 할 의무**를 부담합니다. 일반적으로 질문표에 대답하는 방식으로 진행합니다. '최근 3개월 이내에 병 진단, 수술, 투약, 검사를 받은 적이 있는지' 묻는 식입니다.

보험자가 보험계약 당시에 **고의 또는 중대한 과실로 중요한 사항을 고지하지 않거나 부실의 고지를 한 경우** 보험회사는 **보험계약을 해지**할 수 있습니다. 해지하면 보험금 지급 책임이 없고, 이미 지급한 보험금의 반환을 청구할 수 있습니다. 이때 법원은 '중요한 사항'이란 **"객관적으로 보험자가 그 사실을 안다면 계약을 체결하지 않든가 적어도 동일한 조건으로는 계약을 체결하지 않으리라**

고 생각되는 사항"이라고 판시했습니다. 예컨대, 손해보험에서 다른 보험계약을 체결한 사실, 보험계약 체결을 거절당한 사실, 보험사고 발생사실, 생명보험에서 피보험자의 기왕증, 현재증, 부모 생존여부, 나이, 신분, 직업, 암보험에서 암재발가능성 등이 중요한 사항이라고 판단된 적 있습니다.

보험기간 중 보험자의 사고발생의 위험이 현저하게 변경 또는 증가된 사실을 안 때에도 지체 없이 통지 의무가 있으니 주의하여야 합니다.

TIP
고지의무 위반은 보험금 지급 거절의 단골 사유입니다. 다만, 다음의 경우 해지가 제한됩니다. 첫째, **고지의무 위반을 안 날부터 1월, 계약체결일로부터 3년이 경과한 경우**, 둘째, **보험자가 계약체결 시 이미 고지의무 위반 사실을 알았거나 중과실로 알지 못한 경우**, 셋째, 보험자가 **보험약관의 설명 의무를 위반**한 경우입니다.

질문 의료분쟁

의료사고를 당해서 낙심하고 계신가요?
▶▶ 설명의무의 위반 또는 치료에 과오가 있는지 살펴보세요!

답변

의사는 최선을 다해 의료적 조치를 할 의무가 있으나, 병을 완치시킬 의무는 없습니다. 그럼에도 **설명과오** 내지 **치료과오** 위반이 종종 문제됩니다. 이로 인하여 형사적으로는 업무상과실치사상, 민사적으로는 의료계약 위반 내지 불법행위에 따른 손해배상 책임이 문제됩니다.

의사, 치과의사, 한의사(편의상 '의사')는 생명, 신체에 중대한 위해가 발생될 우려가 있는 수술, 수혈, 전신마취를 하는 경우 지체되면 곤란한 특별한 사정이 없는 한 환자에게 ① 발생하거나 발생 가능한 증상의 진단명, ② 수술 등의 필요성, 방법, 내용, ③ 설명, 수술 참여 의사의 성명, ④ 전형적으로 예상되는 후유증, 부작용, ⑤ 수술 전후 환자가 준수해야 할 사항을 **설명하고 서면으로 동의**를 받아야 합니다. 이는 **검사, 진단, 치료 등 진료의 모든 단계**에서 발생합니다. 설명의무의 이행 여부 및 설명을 하지 않았더라도 설명을 했다면 환자가 동의했을 것이라는 사정은 의사가 증명해야 합니다.

한편, 의사는 환자의 구체적 증상, 상황에 따라 위험을 방지하기 위하여 요구되는 최선의 **조치를 취할 주의의무**가 있고, 이는 당시의 **임상의학분야에서 실천되고 있는 의료행위 수준을 기준**으로 판단해야 합니다. 당시 의학적 지식, 기술에 의하여 결과 예견이 가능했음에도 실수로 결과를 막지 못했다면 의료사고에 대한 책임을 져야 합니다.

TIP

결국 의사의 과실 여부를 판단함에 있어서 중요한 것은 **진료기록 등 증거의 확보**입니다. 의료법상 **의사는 진료기록부를 사실대로 상세 기재하고, 추가, 수정 기재 전 원본을 보존할 의무가 있고, 환자는 진료기록부에 대한 열람, 복사청구권이 있습니다.** 수사기관이나 법원의 문서제출명령 등을 통해 의료기록을 확보하고, 이를 세밀하게 검토하는 것이 중요합니다. 의료기록 감정촉탁 및 증인신문 등을 통해 의사의 과실이 있었는지도 확인하세요. 이 지점에서의 치열한 공방이 최종 판단에 큰 영향을 줄 수 있습니다. 다만, 최근 의사의 중과실이 있는 경우만 형사기소하고 판단은 의료사고심의위원회가 하기로 하는 정책적 변화가 감지됩니다.

| 질문 | 통신사기 대응 |

보이스피싱, 스미싱, 대출사기 등 통신사기 피해를 입은 경우 구제 방법은 뭔가요?

▶▶ 계좌 지급정지 요청을 통한 피해환급금 청구부터 하세요!

| 답변 |

'아차, 내가 속았구나….' 온몸이 덜덜 떨려 오기 시작하는 지금 당장, 더 큰 보이스피싱 등 통신사기 피해를 막기 위해선 무엇을 해야 할까요? 피해를 구제받을 수 있는 방법이 있을까요?

첫째, **피해금이 입금된 사기이용계좌의 개설 금융회사 또는 경찰에 즉시 '지급정지'를 요청**하고 **피해환급금을 청구**하세요. 긴급한 상황이므로 전화로 구두 요청하고, 추후 피해구제신청서를 제출하면 됩니다. 금융회사는 지급정지 사실을 계좌 명의인, 당해 및 관련 피해자, 금융회사 등에 통지하고, 피해금이 다른 계좌로 재차 이체된 경우라면 해당 계좌가 개설된 금융회사에 지급정지를 요청해야 합니다. 사기이용계좌의 예금주는 지급정지된 계좌 내 예금액을 인출할 수 없고, 금융회사는 추가 피해자가 있는지 공고한 뒤 피해자들에게 피해환급금을 안분하여 지급합니다.

둘째, 지급정지 등을 통해 피해를 구제받지 못한 경우, **형사고소하고 민사상 손해배상 청구**를 검토하세요. **드물게 금융회사에게 과실책임**을 물 수도 있습니다. 통신사기는 형법상 사기, 컴퓨터 등 사용사기, 공무원사칭, 업무방해, 전자기록 위작·행사, 정보통신망법상 정보통신망 침해, 스팸문자전송죄, 전기통신사업법상 발신번호변조, 전자금융거래법상 접근매체 양수, 대여죄, 대포통장제공범죄 등 **수많은 죄목**에 해당할 수 있는 중대범죄입니다. 다만 가해자 특정이 어렵고, 검거하더라도 말단 조직원에 불과하여 손해를 배상받기 어렵거나, 증거를 수집이 어려워 문제가 됩니다.

TIP

법적 조치를 준비하기 위해서는 대화 내용 등을 캡처하는 등 최대한 많은 증거를 수집해 놓으세요. 악성 앱의 감염으로 인한 추가 피해 우려가 없다면 휴대폰을 포맷하지 말고 보존해 놓는 것도 필요합니다. 한편, 통신사기피해환급법에 따르더라도 **중고거래 사기, 주식/코인 리딩 사기 등 재화, 용역 공급을 가장한 행위는 지급정지 대상에서는 제외**된다는 점을 유의하세요.

질문 금융회사에 대한 손해배상

전기통신금융사기로 피해를 입었는데, 금융회사에 손해배상을 청구할 수 있나요?

▶▶ 이용자의 고의나 중대한 과실이 없다면 고려해 볼 수 있습니다!

답변

영화 「시민덕희」에서는 보이스피싱을 당한 주인공이 직접 해외로 가서 총책을 검거합니다. 그러나 현실에서 보이스피싱 범죄자에게 책임을 묻기란 여간 힘든 일이 아닙니다. 금융회사를 상대로 한 손해배상 청구는 안 될까요?

전자금융거래법에 따르면 금융회사는 거래가 안전하게 처리될 수 있도록 주의를 다해야 합니다. **① OTP, 인증서, 비밀번호 등의 위조·변조로 발생한 사고, ② 전자적인 계약 체결이나 거래 과정에서 발생한 사고, ③ 거짓, 부정한 방법으로 얻은 비밀번호 등의 이용으로 사고**의 경우 금융회사가 손해배상 책임이 있습니다.

다만, **이용자의 고의나 중대한 과실**로 사고가 발생한 경우 등은 배상 책임이 제한될 수 있습니다. 법원은 '고의나 중대한 과실'이 있는지와 관련하여 금융사고가 일어난 구체적 경위, 위조 등 수법의 내용 및 이에 대한 일반인의 인식 정도, 금융거래 이용자의 직업 및 경력 등 사정을 고려해야 한다고 판단했습니다. 예컨대, **범죄로 의심될 만한 정황이 있었음에도 이를 간과하였다면** 손해배상 금액이 제한될 여지가 있습니다.

TIP

최근 가상자산 보이스피싱 피해자 A씨가 케이뱅크를 상대로 한 손해배상 소송이 화제입니다. A씨는 보이스피싱 전화를 받고 케이뱅크 계좌에서 업비트 계정으로 돈을 송금한 후, 이체된 자금을 비트코인으로 바꿔 제3자에게 보냈습니다. 그런데 또 다른 피해자가 있었고, 그 피해자의 신고로 A씨의 케이뱅크 계좌가 정지되었습니다. **문제는 케이뱅크가 사흘이 지나도록 거래정지 사실을 업비트에 알리지 않았다는 것입니다.** 이에 A씨는 업비트 계정이 막히기 전 약 5억 원을 추가로 비트코인으로 바꿔 범죄자에게 송금했습니다.

1심은 케이뱅크의 조치 소홀을 인정하여 A씨의 손을 들어 줬지만, 2심은 **케이뱅크가 업비트에는 사고통지 할 의무가 없다며** 1심을 취소했습니다. 현재 이 소송은 대법원에서 심리 중입니다.

질문 표시광고법 위반

로또 번호 추천업체가 당첨금에 대한 수수료를 요구할 때 들어줘야 하나요?

▶▶ 표시광고법 위반 사유가 있다면 손해배상을 청구할 수 있어요!

답변

가입비를 내면 로또 번호를 수십 개씩 추천해 주는 업체들이 있습니다. 다만, 정작 로또는 소비자가 구매해야 하고 우연히 당첨된 경우에는 수십 퍼센트를 수수료를 내야 합니다. 홈페이지의 수많은 당첨사례를 보고 덜컥 계약했는데, 당첨 수수료 지급해야 할까요?

언뜻 봉이 김선달이 생각납니다. 로또 업체가 부담하는 비용은 하나도 없기 때문입니다. 로또 구매 비용은 소비자가 부담해야 하고, 우연히 당첨이 되면 업체는 수십 퍼센트의 수수료를 받으니까요. 자체 기술로 찍어 준다는 번호가 과연 특별히 당첨 가능성이 높은지도 의문입니다.

표시광고법은 1) **거짓·과장**(사실과 다르거나 지나치게 부풀림) 2) **기만**(사실을 은폐, 축소) 3) **부당하게 비교**(비교 대상, 기준을 밝히지 않거나 객관적 근거 없음) 4) **비방**(객관적 근거 없이 불리한 사실만 말함)적인 표시·광고로서 공정한 거래질서를 해칠 우려가 있는 광고를 금하고, **위반 시 손해배상**책임을 부과합니다. 이때 법원은 '다소의 과장이나 허위가 아닌 거래에 있어서 **중요한 사항에 관한 구체적 사실을 상거래 관행 등에 비춰 비난받을 정도로 허위**

고지해야 하며, 보통의 주의력을 가진 일반 소비자가 받아들이는 '전체적·궁극적 인상'으로 판단해야 한다고 판단했습니다.

TIP

그럼 위 로또업체 사례는 어떨까요? 법원은 '신뢰가 가는 필터링 방식으로 자동 및 마구잡이 수동 방식보다 확률이 높다'는 취지 광고에 대해 결과를 상당부분 과장하기는 하나, **보통의 주의력을 가진 일반인들이라면 로또 당첨률이 극도로 희박하다는 것을 쉽게 알 수 있기 때문에,** 이 부분은 거짓·과장의 표시광고가 아니라고 판단했습니다. 다만, 위 업체가 홈페이지에 **허위의 당첨자 인터뷰 동영상 등을 게시**한 것은 표시광고법 위반에 해당하여 손해배상 책임을 부담한다고 판단한 일이 있습니다.

질문 CCTV 열람 요청

내가 찍힌 CCTV를 열람하고 싶을 때
▶▶ 개인정보보호법에 따른 개인정보 열람권을 행사하세요!

답변

법적인 분쟁에 휘말렸을 때, 내 모습이 찍힌 CCTV를 열람하고 싶은 때가 있습니다. 피의자 처지라면 결백함을 주장하기 위해서, 피해자라면 범죄사실에 관한 증거를 획득하기 위해 필요하기 때문입니다. 그런데 CCTV 열람을 요청하면 대부분의 사업장들은 **막무가내로 열람을 거부**하는 경우가 많습니다. 경찰과 함께 대동하면 CCTV 영상을 받을 수 있는지도 의문입니다.

이때는 개인정보보호법이 보장하는 권리 내용을 숙지할 필요가 있습니다. "개인정보"란 개인을 알아볼 수 있는 정보이며, 다른 정보와 쉽게 결합하여 알아볼 수 있는 정보도 포함합니다. 개인정보보호법은 특별한 사정이 없는 한 **자신의 모습이 찍힌 CCTV 영상을 포함하여 개인정보의 열람, 사본의 발급 및 전송을 요구할 권리를 보장**합니다. 이때, 개인정보처리자는 열람요구를 받은 지 **10일 내**에 열람해 주어야 합니다. 주의할 점은, **"자신의 개인정보"**에 대한 열람으로 한정됩니다. 따라서 타인의 개인정보에 관한 사항은 열람이 제한되고, 이를 열람하려면 수사기관이 영장 등을 받아야 합니다.

그럼 자신과 타인의 모습이 모두 나와 있는 CCTV 영상은 열람할 수 없을까요? 이 경우 모자이크, 스티커, 메모지 등으로 타인의 모습에 대해 **비식별처리를 마친 정보를 요구할 수 있습니다.** 다만, 비식별처리 등에 필요한 수수료 등을 납부해야 할 수 있습니다.

개인정보처리자가 위 법률상 의무를 지키지 않아 손해가 발생하였다면, 정보주체는 손해를 배상해야 할 의무를 지며 과태료를 납부해야 할 수도 있습니다.

TIP

협조를 구하기가 너무 어렵다면, (범죄 사건의 경우) 경찰에 신고 후 CCTV 열람 협조를 요청해 보세요. 법원에 증거보전신청을 할 수도 있습니다. 한편, 사업주에게 내용증명 우편을 보내 i) 개인정보보호법에 근거하여 제출을 요구했으나, ii) 타당한 이유 없는 열람거부가 계속되어 온 점, iii) 이를 토대로 향후 손해배상 등 법적조치를 취할 것이며, iv) 필요시 증거인멸죄 등의 죄책을 묻겠다고 분명히 해 놓는 것도 좋겠습니다.

질문 비밀유지각서

합의 대가로 쓴 비밀유지각서 꼭 지켜야 할까?
▶▶ 합의 내용이 상식적이지 않다면 효력을 의심해 봐도 좋습니다!

답변

합의금을 지급하면서 평판에 흠결이 가거나 다른 피해자의 법적 청구를 피하기 위해 비밀유지각서를 요구하는 경우가 있습니다. 피해자로서는 입막음의 대가로 합의금을 받는 것이라는 생각에 다소 불쾌한 느낌이 듭니다.

'계약 자유의 원칙'상 합의 내용은 원칙적으로 지켜져야 합니다. 다만, **경제적 약자, 무경험, 궁박한 처지에 있는 자들이 피해를 볼 수 있으므로 민법 제103조는 선량한 풍속 기타 사회 질서에 위반한 계약 내용은 무효라고 규정**합니다. 그렇다면 비밀유지각서도 효력을 부인할 수 있을까요?

사업주 甲은 근로자 A, B, C를 두고 음식점 영업을 했는데 야간 휴게시간(식사시간)에 대해서는 임금을 주지 않았습니다. A는 식사 중에도 응대를 하고 음식을 내어줬으므로 야간휴게시간이 근로시간에 해당한다며 A, B, C를 모아 노동조합을 설립 후, 甲에게 미지급임금을 요구했습니다. 이에 사업주 甲은 근로자 A만을 불러 비밀유지각서를 쓰는 조건으로 미지급임금 상당의 합의금을 지급했습니다. 그런데 A는 추후 B, C에게 합의 사실을 털어놓았고 B, C는 모두 甲에게 미지급임금을 요구하였습니다. 사업주 X는 분개하여 A에게 합의금 반환 소송을 냈고요.

A는 합의를 어겼으니, 사업주 X에게 합의금을 돌려줘야 할까요? 법원은 1) 합의금의 **실질은 미지급임금**이므로 합의 사실을 발설했다는 이유로 합의금을 반환해야 한다면 근로기준법상 임금 전액지급원칙에 반하고, 2) 합의 사실을 알면 다른 근로자들이 미지급임금을 청구할지 모른다는 우려에서 각서를 쓰게 한 이상, 사업주 甲의 **기대이익을 보호할 필요가 낮으며**, 3) 합의 사실이 드러나 미지급임금 청구가 이어져 **음식점 경영에 큰 지장이 초래된다는 주장은 타당한 근거가 없다**고 봤습니다. 즉, 돌려줄 필요가 없다고 판단한 것이지요.

TIP

저는 법이 상식과 꽤 맞닿아 있다고 생각합니다. 법에서 반드시 지급하도록 규정한 근로 임금을 합의라는 명목으로 A에게만 주는 것은 상식적이지 않죠. 어느 모로 봐도 상식적으로 이상하다고 생각된다면, 그 부분을 잘 포착하여 주장하는 것이 변호사의 능력 같기도 합니다.

질문 부정경쟁방지법

거래처 정보는 영업비밀로 보호될 수 있을까요?
▶▶ '상당한 노력에 의해 비밀로 관리·유지'되고 있다면 YES!

답변

퇴직한 직원이 몰래 거래처 정보를 가지고 나가 새로운 사업체를 만들거나, 직원을 붙여 미행하여 경쟁업체의 주요 거래처를 알아낸 경우 형사적 처벌을 요구하거나 민사상 손해배상을 청구할 수 있을까요?

경쟁업체의 부정한 행위가 의심된다면, 부정경쟁방지법상 보호받을 수 있을지 살펴보십시오. i) 타인의 상표·상호 등을 부정하게 사용하는 부정경쟁행위, ii) 타인의 영업비밀을 침해하는 행위에 대해서는 금지·예방을 청구할 수 있고, 손해배상 책임을 물을 수 있습니다.

이때 '영업비밀'이란 ① **공공연히 알려져 있지 않고**, ② **독립된 경제적 가치**를 가지며, ③ **상당한 노력에 의해 비밀로 관리·유지된** 생산방법, 판매방법, 그 밖의 영업활동에 유용한 기술, 경영상 정보를 말합니다.

법원은 특히 '상당한 노력에 의해 비밀로 관리·유지'되었는지를 영업비밀의 주요 기준으로 삼는데, **비밀이라고 인식되는 표지·고지**를 하고, **접근 대상자·방법을 제한**하거나, **접근자에게 비밀준수의무를 부과**하는 등 객관적으로 비밀로 유지·관리되고 있다는 사실을 인식 가능해야 한다고 판단했습니다.

예컨대, A회사가 특정주류면허를 갖고 있는 주류도매점들에게 1년 단위로 지역 판매 독점권을 주는 대신 위 주류도매점에 대해 A회사의 시스템에 거래처들을 입력하도록 요구하여 관리하도록 한 사안에서, A회사 측이 위 주류도매점이 입력한 거래처 정보를 사용한 것은 영업비밀 침해행위가 아니라고 봤습니다. 누구나 접근할 수 있는 A회사 시스템에서 거래처 정보가 **영업비밀로서 관리되고 있었다고 볼 수 없다는 것이 주요 이유**입니다.

TIP

회사가 퇴사한 자가 주요한 영업 자산이나 비밀을 반출한(했다고 주장하는) 경우, 법원은 '상당한 노력에 의해 비밀로 관리·유지'되고 있지 않다고 보아 영업비밀 침해행위는 아니지만, **형사상 업무상배임죄가 성립한다고 보는 경우들은 종종 있습니다**. 각 문제 되는 상황마다 달리 판단될 여지가 있으니 구체적인 상황에 맞는 법적 검토가 필요합니다.

제 4 장

형사사건

> 질문   고소장 작성

처음 고소 또는 고발을 앞둔 당신
▶▶ 떨리는 마음 부여잡고, 고소(발)장 작성의 핵심을 파악하라!

> 답변

처음으로 고소 또는 고발을 마음먹으셨나요? 고소나 고발은 경찰 등에 구두로 진술하는 방식으로 할 수도 있지만, 고소(발)장을 조리 있게 작성하여 경찰서 등에 접수하는 것이 훨씬 효과적일 수 있습니다.

고소(발)장에는 ① **고소(발)인**, ② **피고소(발)인**, ③ **고소취지**, ④ **범죄사실 및 고소이유** ⑤ **증거자료**, ⑥ **첨부자료**, ⑦ **제출기관에 관한 사항**을 꼼꼼히 기재해야 합니다.

첫째, **고소인**의 성명, 주소, 생년월일(또는 사업자등록번호), 연락처를 기재하고, 고소인이 법인인 경우 고소인 조사를 받을 사람(고소대리인, 진술대리인)의 성명, 연락처를 함께 기재합니다.

둘째, **피고소인**의 성명, 주소, 생년월일(또는 사업자등록번호), 연락처를 기재합니다. 피고소인이 여러 명인 경우, 주요 피고소인의 주소를 기준으로 수사기관의 관할이 정해지므로 숙고하여 기재합니다. 피고소인 특정이 어렵다면, 성별, 연령대, 신체적 특징, 별명 등 가급적 상세히 기재합니다. 인터넷 피해가 있었다면, 피고소인이 접속한 인터넷 홈페이지에 관한 정보(주소, ID, 별명 등 회원정보), IP 주소, 범행 결과물(게시글, 동영상 등)을 통하여 확인 가능한 수사단서를 최대한 확보하여 기재합니다.

셋째, 죄명과 고소의 결론 부분을 기재합니다. **죄명**은 고소사건 수사 범위를 한정하고, 추가하는 경우 추가 고소장을 제출해야 할 수 있으므로 가급적 정확히 기재합니다. **고소 결론**에는 피고소인에 대한 철저 수사의 필요성, 엄벌 요구를 기재하고 급속을 요하는 사유(공소시효 임박, 도주 및 출국 우려)가 있다면 강조 기재합니다.

넷째, **범죄사실** 및 **고소이유**를 작성합니다. 통상 고소이유에는 i) 당사자들의 관계, ii) 고소의 요지, iii) 사건의 개요, iv) 구체적인 범죄사실, v) 결론을 기재합니다. 고소이유에 기재할 사실관계가 다소 복잡한 경우에는 수사기관이 한눈에 파악할 수 있도록 별도로 범죄사실 항목을 기재합니다.

다섯째, 고소사실을 뒷받침하는 **증거자료**를 표시하고, 고소장 뒷부분에 증거자료 등의 **목록**을 순번대로 기재합니다. 계약서, 내용증명, 녹취록, 문자메시지, 사실확인서, 동영상 등이 이에 해당할 수 있습니다. 첨부서류 부분에는 고소인, 피고소인의 인적사항을 확인할 수 있는 신분증, 법인사항전부증명서 등을 첨부하고, 변호사 위임장 등도 포함시킵니다.

여섯째, 고소장은 **피고소인의 주소지, 범죄지 또는 현재지를 관할하는 경찰서나 검찰청에 제출**하여야 합니다. 관할 위반이 있으면 사건이 타 수사기관으로 이송되어 수사가 지연되는 경우가 있으므로 주의하여야 합니다. 검찰청법 및 「검사의 수사개시 범죄 범위에 관한 규정」에는 검사가 수사를 개시할 수 있는 범죄 종류(부패범죄, 경제범죄, 기타범죄)가 나와 있으니, 이를 참고하여 검찰청에 고소장을 제출할 수 있는지 반드시 확인하시기 바랍니다. 자칫 접수가 반려되어 고소장을 관할 경찰서에 다시 접수해야 하는 경우 불필요하게 시간이 지체될 수 있습니다. 제출기관을 명확히 특정하기 어렵다면, 피고소인의 주소지를 특정할 만한 단서를 추론하여 예상되는 주소지 관할 수시기관에 고소장을 제출합니다.

TIP

피고소인이 고소장 열람복사 신청을 할 수 있으므로, 범죄사실에는 혐의사실 위주로 간단히 설명하고, 고소이유에서 증거관계를 상세히 기재하세요. 이후 **혐의사실 부분만 열람복사를 허용해 달라고 수사기관에 요청**하세요.

한편, 검사의 직접수사개시 대상 범죄에 해당하여 고소·고발장을 **검찰에 접수할 경우 i) 검사실에서 직접 수사하거나, ii) 검찰청 소속 수사과 또는 조사과에 수사지휘를 하여 수사가 개시되거나, iii) 관할 경찰서에 이송될 수 있습니다.** 검사 직접수사개시 대상 범죄라고 하여 항상 검사실 또는 검찰청에서 직접 수사가 진행되는 것은 아니라는 점을 주의하세요.

고 소 장 (예시)

고 소 인 ○○주식회사
　　　　　서울 ○○구
　　　　　대표이사 ○○○
　　　　　고소대리인 법무법인 ○○
　　　　　담당변호사 ○○○
　　　　　서울 ○○구
　　　　　(전화: ○○, 팩스: ○○, 이메일: ○○@○○.com)

피고소인 1. ○○○(○○○○○○-1******)
　　　　　서울 ○○구
　　　　　2. ○○○(○○○○○○-1******)
　　　　　서울 ○○구

고 소 취 지

피고소인들을 「특정경제범죄 가중처벌 등에 관한 법률」 위반(사기) 혐의로 고소하오니, 철저히 조사하여 엄벌에 처해 주시기를 바랍니다.

범 죄 사 실

(일시, 장소, 범행방법, 결과 등 구체적으로 특정하여 기재)

고 소 이 유

1. 당사자들의 관계 및 고소의 요지
2. 사건의 개요
3. 피고소인들의 구체적인 범행
4. 수사요청사항
5. 결론

증 거 자 료

증 제1호 계약서
1. 증 제2호 내용증명

첨 부 서 류

위 증거자료 각 1부
등기사항전부증명서 1부
고소대리위임장 1부
담당변호사지정서 1부

2025. 8. 1.

고소인의 대리인
법무법인 ○○
담당변호사 ○○○

서울○○경찰서 귀중

질문 경찰 조사

경찰서에 출석하여 조사를 받으라고 합니다. 어떡하죠?
▶▶ 조사 전 반드시 숙지해야 할 사항은 다음과 같습니다!

답변

고소를 당했다며 경찰서로 와서 조사를 받으라는 전화를 받은 경우, 가슴이 두근거리기 시작합니다. 어떻게 하면 좋을까요?

첫째, **조사 전**에는 **고소장을 미리 확보**하세요. 실무상 경찰 사건은 **정보공개청구**, 검찰 사건은 **열람·복사신청**을 이용합니다. 고소장을 받기까지 시일이 촉박하면 **조사일정을 연기**하세요. 직접 범죄행위를 하지 않았음에도 대표이사로서 고소·고발당하여 입건 된 경우 등에는 협의하여 전화로 조사에 응하거나, 서면으로 진술 대체하는 방법을 고려할 수 있습니다.

둘째, **조사가 진행되면** 진술거부권을 행사할 수 있고, 그 이유를 납득시킬 필요는 없습니다. 휴식시간을 요구할 수 있으며, 변호사와 상의할 시간을 달라고 할 수도 있습니다. **변호사는 대신 진술을 할 수는 없으나 옆에 착석하여 수사기관의 명시적, 묵시적 승인하에 진술 보충 내지 이의제기는 가능합니다.** 수사관이 유도신문을 반복하거나, 불리한 진술만 조서에 기재하거나, 과도하게 강압적인 태도를 보인다면 **영상녹화, 진술녹음**을 요청하세요. 원칙적으로 심야조사(오후 9시부터 오전 6시까지)를 해서는 안 됩니다. 또한, 대기·휴식·식사 시간 모두 포함하여 총조사시간이 12시간을 초과하면 안 되고, 실제 조사시간 역시 8시간을 한도로 해야 합니다. **수사관이 사건 관련 증거를 임의제출 할 것인지 물어보는 경우**, 임의제출 하지 않더라도 결국 압수·수색 영장이 집행될 것으로 예상된다면 임의제출 하여 구속 전 심문 절차에서 증거인멸의 우려가 없다고 주장하는 게 좋을 수 있습니다.

셋째, **조사가 종료되면** 진술한 대로 기재되지 않은 부분, 이의제기, 의견 사항, 잘못 진술한 부분을 조서에 추가 기재할 수 있습니다. 조사 종료 직후 민원실에 가서 작성된 조서에 대해 정보공개청구를 해 놓는 게 좋습니다.

TIP
피의자뿐만 아니라 고소·고발인 모두 변호사를 선임할 수 있습니다. 피의자, 고소·고발인 모두 조사를 받기 전 예상 질문을 뽑아 사실적, 법리적으로 민감한 질문에 대해 미리 답변 방향을 검토해 놓는 것이 좋겠습니다.

질문 필승 고소, 고발 전략

고소, 고발이 난무하는 진흙탕 싸움에서의 필승전략?
▶▶ 법정형이 동일하다면 가능한 한 증명이 쉬운 범죄로 고소하세요!

답변

동업관계 등에서 비롯된 갈등이 심화되는 경우 **민사소송뿐만 아니라 여러 건의 형사고소, 고발을 동시에 진행**합니다. 형사적 압박을 받으면 **조기합의**를 하려 하거나 **형사재판에서 인정된 사실을** 민사소송에서 쓸 수 있기 때문입니다. 물론 감정이 너무 상해 무조건적인 처벌을 바랄 때도 있습니다.

고소, 고발의 남용이 좋다고 말할 순 없지만 형사적인 대응을 결심을 했다면 당연히 성공하는 것이 중요합니다. 혹여나 고소, 고발 후 경찰의 불송치 결정, 검찰의 불기소 처분이 있으면 향후 더 이상 처벌을 구하기 어렵고 관련 민사소송에서도 치명타를 입기 때문입니다.

기본적으로는 고소, 고발 시 사실관계를 알기 쉽게 정리하고, 증거를 잘 제출하는 것이 중요합니다. 다만, **법정형이 동일하다면 가능한 한 범죄 성립에 관한 증명이 쉬운 범죄를 택해 고소하는 것이 좋은 전략**이 될 수 있습니다.

예를 들어, A가 동업관계에 있던 B로부터 출자금을 받아 이를 약속한 공동사업에 사용하지 않고 개인적인 목적으로 사용했다고 가정해 봅시다. 형법상 '사기'가 성립하기 위해서는 돈을 받을 당시 상대방을 속여 재물을 교부받으려 한 이른바 사기의 "고의"가 필요합니다. 그런데 **"고의"는 내심의 의사에 해당하기에 이를 증명하기가 쉽지 않습니다.**

그런데 형법상 사기와 동일한 10년 장기 법정형을 규정하고 있는 '업무상 횡령'의 경우 **동업자가 손익분배 정산이 되지 않은 상태에서 임의로 동업재산을 처분하면 성립**합니다. 그런데 **"손익분배 정산이 안 된 점"**, **"동업자의 동의 없이 임의로 동업재산을 처분한 점"**은 내심의 의사인 사기의 고의보다 **그 증명이 더 수월**합니다. 그렇다면 상대방의 처벌을 위해 증명이 보다 용이한 '업무상 횡령'을 주장하는 것이 더 효과적일 수 있다는 것입니다.

TIP
다 같은 형사 변호사가 아닙니다. 범죄성립의 요건, 증명의 용이성 등 잘 숙지하고 있는 변호사가 분명히 도움이 될 것입니다.

질문 범죄의 고의

행정형벌도 고의가 없으니 무죄라고 주장 가능할까요?
▶▶ '미필적 고의'조차 없었다면, 무죄가 가능합니다.

답변

"난 고의가 없었다구요!" 영화에서 많이 나오는 대사죠? 범죄를 처벌하기 위해서는 통상 범죄의 **"고의"**가 있어야 합니다. '법적'으로는 말씀드리면, **범죄 당시 죄가 성립하는 요소들(행위의 주체, 객체, 결과 등)을 인식**했어야 합니다. 물론 고의가 없더라도 죄가 성립하는 경우도 있습니다(예컨대, 과실치상). 다만, 과실범은 법에 규정이 있을 때만 성립합니다.

무죄를 주장할 때 쓰는 전략 중 하나는 바로 고의가 없었다고 주장하는 것입니다. 예를 들어, 빌린 돈을 갚지 않은 것을 사기죄로 고소한 경우, 피의자는 사기 고의가 없었다고 주장할 수 있습니다. 돈을 차용할 **당시**에는 변제의사와 변제능력이 있었는데, **하필 돈을 빌린 이후**에 여러 사정으로 변제를 할 수 없어졌다고 주장하는 것이지요.

자 그럼, **행정형벌**의 경우에도 고의를 부인하여 처벌을 피할 수 있을까요? 행정형벌이란 형법이 아닌 행정관련 법규(예를 들어, 식품위생법)에 규정된 형벌을 의미합니다. 법원은 **"행정 단속을 위한 법규라도 과실범이 명확히 규정된 경우를 제외하고는 고의가 있어야 벌할 수 있다"**라고 판결했습니다.

문제는, 고의는 내심의 의사이기 때문에 정황 등을 근거로 추정할 수밖에 없다는 것입니다. 고의를 엄격하게 인정한다면 많은 경우 처벌이 어렵겠지요? 그래서 나온 것이 **"미필적 고의"** 라는 개념입니다.

　"미필적 고의" 는 결과발생에 대한 확실한 예견은 없으나 그 가능성은 인정하는 것으로, **"결과 발생의 가능성을 인식"** 했음에도, 행위하여 그 결과를 **"내심으로 용인"** 한 것을 의미합니다. 미필적 고의도 고의의 한 종류입니다. 결국 행정형벌의 경우에도 내심으로 결과 발생을 인식하고 이를 용인한 정황이 있다면 처벌을 피할 수는 없을 것입니다.

TIP
고의를 부인하는 것이 잘 통할까요? 모든 범죄자들이 고의부터 부정하겠지요? 재판부가 쉽게 인정하지는 않을 것입니다. 다만 필요시 반드시 주장해야 할 것입니다.

질문 압수수색

회사에 압수수색이 들어왔는데 어떻게 하죠?

▸▸ 영장의 내용을 잘 확인하세요. 참여권이 보장되어 있다는 점도 잘 숙지하세요!

답변

압수수색 영장의 집행 일시, 장소는 사전 통지가 원칙이나, 급속을 요한다는 이유로 종종 생략됩니다. 다만 카카오톡 서버같이 피의자 등이 접근하여 은닉, 인멸할 수 없는 장소는 집행 일시, 장소를 사전에 통지해야 합니다. **변호인의 참여권은 변호인의 고유한 권리**이므로, **피압수자가 참여권 행사를 원치 않았더라도** 변호인에게 참여기회를 주어야 합니다.

수사팀은 통상 수사기관 내 대기팀과 출동팀으로 구성되는데, 출동팀 중 경험 많은 수사관/검사가 책임자로서 압수수색을 지휘합니다. 이 책임자는 집행 시 문제점에 대해 이의를 제기할 상대방이므로 잘 파악하면 좋습니다.

회사 사옥 등 건조물에 대한 압수수색 시 **주거주 등의 참여**가 반드시 요구됩니다. 수사팀이 도착하는 경우 신속히 대표이사, 건물 관리 책임자, 전산 책임자 등 회사의 현장 책임자에게 연락할 필요가 있습니다. 수사팀이 책임자 파악을 위해 회사 조직표, 업무 분장표 등을 요구한다면 영장 집행 범위에 포함되어 있는지 확인 후 해당이 없다면 제출할 필요가 없습니다.

수사팀은 현장 책임자에게 신분증 및 영장 원본을 **"제시"**해야 하며, 다만, 피의자의 경우에는 영장 사본을 **"교부"해야 합니다.** 영장은 **현장 책임자뿐만 아니라 피압수자에게도 반드시 개별 제시해야 합니다.** 영장은 중요 부분이 아닌 **모든 부분**을 확인할 수 있음을 숙지하세요.

TIP
영장을 통해 꼭 확인해야 할 사항들은 다음과 같습니다. ① 피의자(범죄 관여자가 여러 명인 경우 누구의 범죄혐의 관련인지) ② 범죄혐의 ③ 장소가 지번 등 특정 가능한 최소한의 지역적 표시로 기재됐는지 ④ **수색 대상이 장소/신체/물건 중 무엇인지** ⑤ 압수할 물건이 **구체적·개별적인지** ⑥ 특정장소 보관물인지·특정인의 소지물인지 ⑦ 물건인지 정보인지 ⑧ 저장매체 자체를 압수할 수 있는지 ⑨ 압수 조건(환부기간 포함) 무엇인지, ⑩ **범죄혐의와 관련된 시기/장소 기재된 게 있는지** 등

질문 별건 압수

영장 기재 혐의사실과 무관한 별건 범죄사실에 대한 압수가 들어왔는데 문제없나요?

▶▶ 압수수색 영장에 기재된 혐의사실과 객관적, 인적 관련성이 없다면 위법한 압수수색에 해당합니다!

답변

혐의사실과 관련 없는 별건 사건에 대한 압수수색이 종종 문제됩니다. 압수수색은 본래 증거수집과 범죄수사를 위하여 필요한 때 **피고·피의사건과 관계가 있는 것에 한정하여** 할 수 있습니다. 영장 발부 사유와 무관한 별개 증거를 압수했다면 원칙적으로 유죄 증거로 사용할 수 없습니다.

'혐의사실과 관계있는 범죄'란 압수수색 영장에 기재된 혐의사실과 **객관적 관련성**이 있고, 공범 등 **인적 관련성**이 있는 범죄를 의미합니다. 특히 객관적 관련성은 혐의사실 자체, **기본적 사실관계가 동일한 범행과 직접 관련되어 있는 경우**는 물론 **범행 동기와 경위, 범행 수단과 방법, 범행 시간과 장소 등을 증명하기 위한 간접증거나 정황증거 등으로 사용될 수 있는 경우**에도 인정될 수 있습니다. 다만, 혐의사실과 단순히 동종 또는 유사 범행이라는 사유만으로 관련성이 있다고 보지는 않습니다.

피고인의 2018. 5. 6. 자 미성년 피해자 甲에 대한 성범죄를 이유로 긴급체포한 뒤 휴대전화를 압수하였는데, 포렌식 결과 2017.

12. ~2018. 4.의 미성년 피해자 乙, 丙, 丁에 대한 추가 범죄자료를 발견하여 증거로 쓴 사안에서, 법원은 **'영장에 추가 여죄수사의 필요성을 포함한 점'**, **'상습범으로 처벌될 가능성이 있었으므로 추가 범행은 영장 기재 혐의사실과 기본적 사실관계가 동일한 범행과 직접 관련된 경우'**이며 '미성년자들 대상 성범죄인바 **범행 동기, 대상 수단과 방법이 공통되는 점'**, '영장 기재 범죄사실의 **간접증거, 정황증거**가 될 수 있는 점'을 종합할 때, 관련성이 있는 증거로 사용할 수 있다고 봤습니다.

TIP

별건 사건에 대한 압수가 위법하다고 주장하기 위해서는 객관적, 인적 관련성, 그중에서도 특히 객관적 관련성이 없다는 점을 구체적으로 조목조목 반박하는 것이 필요할 것입니다.

> **질문** 압수물 환부

압수물에 대해 환부를 신청할 수 있나요?
▶▶ 요건에 부합한다면 압수물에 대한 환부, 가환부 신청이 가능합니다!

> **답변**

검사는 **사본을 확보한 경우 등 압수를 계속할 필요가 없다고 인정되는 압수물 및 증거에 사용할 압수물**에 대하여 공소제기 전이라도 소유자, 소지자, 보관자 또는 제출인의 청구가 있는 때는 환부 또는 가환부해야 합니다.

'**환부**'란 압수를 해제하여 압수물을 **종국적으로** 소유자·제출자 등에게 반환하는 것을 말하고, '**가환부**'란 **압수의 효력은 유지한 채** 압수물을 임시로 소유자·제출자 등에게 반환하는 것을 말합니다. 특정 압수물을 증거로 사용할 경우에는 환부는 불가능하고, 가환부만이 가능합니다. 단, **범죄 수익과 같은 몰수 대상물은 환부, 가환부가 불가능**합니다.

예를 들어, 서류의 경우 현장 복사가 원칙적인 압수 방법입니다. 그런데 만약 수사관이 서류 원본 자체를 압수한 경우에는 몰수할 서류가 아니라면 환부 내지 가환부(압수물을 증거로 사용할 경우) 청구를 하여 반환받을 필요가 있습니다.

통상 피의자는 압수·수색이 이루어진 이후 상당한 기간이 경과되면 압수물을 돌려받을 수 있으며, 그 전이라도 검찰압수물사무규칙상의 '압수물가환부신청서'의 제출을 통하여 가환부절차를 진행할 수 있습니다. 설령 환부청구권을 포기한다는 의사표시를 한 적이 있더라도 그 효력은 없다고 봅니다.

TIP
검사는 범죄에 이용될 염려가 있거나 선량한 풍속을 해할 우려가 있는 압수물 등에 해당된다는 사유로, 환부하는 것이 부적절하다고 인정되는 압수물에 관하여는 소유자에게 소유권 포기의사의 유무를 확인합니다. 즉, 실무상으로 압수물의 소유권을 포기하라는 요구를 받게 될 수 있는데, 이에 반드시 응해야 할 의무는 없습니다.

질문 체포·구속 제도

구속 전 피의자 심문, 체포/구속적부심사, 구속취소 제도가 헷갈려요!

▶▶ 체포·구속을 당한 경우 구제수단의 차이를 잘 숙지하세요!

답변

체포·구속에 대한 통제제도로서 1) 구속 전 피의자 심문(영장실질심사), 2) 체포·구속적부심사, 3) 체포·구속 취소제도 등이 있습니다.

첫째, **구속 전 피의자 심문(영장실질심사)**은 구속영장 청구를 받은 판사가 피의자를 직접 심문하여 구속사유 여부를 판단하는 절차입니다. 영장에 의한 체포, 긴급체포, 현행범체포를 불문하고 **구속영장을 청구받은 판사는 반드시 피의자를 심문해야 합니다.** 체포되지 아니한 피의자에 대하여도, 구속영장을 청구받은 판사는 피의자가 죄를 범했다고 의심할 만한 경우에는 구인을 위한 구속영장(구인영장)을 발부하여 피의자를 구인한 후 심문해야 합니다. 피의자가 도망하는 등의 경우에만 예외적으로 심문 없이 구속영장 발부가 가능합니다.

둘째, **체포/구속적부심사**는 이미 구속된 자가 그 체포/구속의 타당함을 묻는 것으로 청구권자는 체포/구속된 피의자 또는 그 변호인 등입니다. 청구권자를 피의자에 한정하므로 피고인(기소된 피의자)은 대상이 아니고, 구속(체포×)적부심사에 한해 피의자는 보증금납입조건부로 석방될 수 있습니다. 심사 후 법원의 기각결정 또는 석방결정에 대하여는 항고가 허용되지 않으나, 보증금납입조건부 석방결정에는 항고할 수 있습니다. **이미 법원의 피의자 심문을 통해 구속된 피의자에 대해 다시 판단을 구하는 청구**이기에 석방 비율은 낮지만, 건강 상태에 급변화가 있거나 합의를 하는 등 중대한 사정변경이 있으면 보증금납입조건부 석방결정이 날 수 있습니다.

셋째, 체포·구속된 피의자의 구속 사유가 없거나 소멸된 때 법원은 직권 또는 검사, 피고인, 변호인 등 청구로 **체포·구속을 취소**할 수 있습니다.

TIP
체포·구속에 대한 통제제도는 그 시기, 대상, 요건 등이 달라 이를 잘 구분하여 숙지할 필요가 있습니다.

질문 접견

구치소, 교도소에 수감된 경우의 접견교통권이 궁금합니다.
▶▶ 접견교통권의 구체적인 내용과 범위를 잘 숙지하세요!

답변

변호인(변호인이 되려는 자)은 구속 피의자/피고인(임의동행 형식 연행된 경우 포함)과 접견하고 서류, 물건 등을 수수할 수 있는 접견교통권이 보장됩니다(변호인이 되려 한다는 점을 반드시 변호인선임계로 제출하여 표시해야 하는 것은 아닙니다). 위와 별개로, **피구속자**도 자신의 변호인에 대한 접견교통권이 보장됩니다. **미결수용자**(아직 형이 확정되지는 않은 자)는 접견의 시간과 횟수를 제한받지 않으나, 비변호인과의 접견은 도주/증거인멸 우려가 있을 때 법원의 직권 또는 검사 청구로 제한 가능합니다.

구치소, 교도소 접견(화상접견 포함)을 위해서는 온라인 예약시스템을 통한 신청이 필요합니다. 10일간 예약신청이 가능하나, 주말, 공휴일에는 신청이 불가능합니다. **16시 이후에는 익일 접견 신청이 불가능**하고, **익일이 공휴일이면 그다음 날 접견 신청도 불가능**합니다. 변호인은 전자기기를 반입할 수 없으나 컴퓨터 사용 가능 접견실 안내를 요청할 수 있습니다. 무인증명을 받아야 한다면 변호인이 그 문서와 무인증명신청서를 지참해야 합니다. **일반 접견실은 가림막이 있고 대화가 녹음되지만(수사기관이 증거로 사용 가능), 변호인 접견실은 가림막이 없으며(보이는 거리에서 교도관

참여) 서류 등을 주고받을 수 있고(직원 확인 필요) 대화도 녹음되지 않습니다.

경찰서 유치장에 수감된 경우 면회신청서 작성하여 (구치소, 교도소 접견과 달리) 저녁, 주말, 공휴일 접견이 가능합니다. **변호인은 면회 횟수, 시간제한이 없으나, 비변호인은 1일 3회, 회당 30분 제한을 받습니다.** 검찰청 및 지청에 신병이 있는 경우 주임검사에게 접견신청서를 제출하면 됩니다.

TIP

수사기관과 원만한 관계 형성이 좋겠지만, 접견교통권이 크게 침해된 경우 경찰은 수사심사정책담당관(경찰청), 수사심사담당관(시·도경찰청), 청문감사인권관(경찰서), 검찰은 인권보호관에 문제를 제기하는 것이 가능합니다. 접견신청 거절 시 준항고 또는 국가 상대로 손해배상, 헌법소원 제기도 검토 가능합니다.

질문 구속기간

재판 과정에서 구속되면 한정 없이 수감되어 있어야 하나요?
▶▶ 아닙니다. 구속기한은 제한이 있습니다!

답변

헌법은 모든 국민의 신체의 자유를 보장합니다. 따라서 누구든지 법률에 의하지 않고는 체포·구속·압수·수색 등을 받지 않습니다. 이에 형사소송법은 구속 요건으로 ① 죄를 범하였다고 의심할 만한 상당한 이유가 있고(범죄의 상당성), ② 일정한 주거가 없거나(주거 부정), 증거 인멸염려가 있거나, 도망했거나 도망 염려가 있어야 한다고 규정합니다(구속사유).

구속기간은 무제한 인정되지 않습니다. 경찰, 검찰 수사단계와 기소 후 구속기간은 얼마까지 허용되며, 최대 몇 번, 며칠까지 연장되는지 살펴보기로 합시다.

첫째, **경찰**이 피의자를 구속한 때에는 10일 이내에 검사에게 인치하지 아니하면 석방하여야 합니다. [**경찰: 10일**]

둘째, **검사**의 피의자 구속기간은 10일이지만, 지방법원 판사의 허가를 얻어 10일을 초과하지 않는 한도에서 연장할 수 있습니다. 위 구속기간 연장결정에 대해 항고, 준항고 등을 통한 불복은 불가능합니다. [**검사: 10일+10일**]

셋째, 검사의 **기소 후** 피고인의 구속기간은 2개월입니다. 구속을 계속할 필요가 있는 경우에는 심급마다 2개월 단위로 2차에 한하여 법원의 결정으로 구속기간을 갱신할 수 있습니다. **[법원: 2개월(최초 구속기간)+2개월(1차 연장)+2개월(2차 연장)]**

TIP

구속기간의 산정 시 **초일 및 말일이 공휴일인 경우에도 기간에 산입합**니다. 한편, 상소심(2심 항소심, 3심 상고심)은 피고인 또는 변호인이 신청한 증거의 조사, 상소이유를 보충한 서면의 제출 등으로 추가 심리가 부득이한 경우 3차에 한해 구속기간 갱신 가능합니다.

결국, 최대 **1심 6개월(최초+2번 갱신), 2심 6개월(3번 갱신), 3심 6개월(3번 갱신) 총 18개월** 동안 구속될 수 있습니다.

질문 형사합의

형사 합의를 하려 합니다. 주의점이 있을까요?
▶▶ 형사 합의의 시점과 문구 등을 주의 깊게 살피세요!

답변

먼저 형사사건에서의 합의는 크게 두 가지 효과가 있습니다. 1) **처벌불원, 즉 고소 취하의 의사표시**입니다. 친고죄(모욕죄, 사자명예훼손죄 등)와 반의사불벌죄(폭행, 협박, 명예훼손, 과실치상)의 경우 처벌불원 시 수사가 종결(공소권 없음)되고 기소 후 진행되던 형사재판은 판단 없이 공소기각 판결이 납니다. 2) 그 외 범죄는 처벌불원이 있어도 수사나 재판이 종결되지 않으나, 경미한 사건이라면 수사기관이 기소하지 않거나 형사재판의 양형(선고형의 판단)에 고려가 됩니다.

그렇다면 형사 합의 시 고려해야 할 점은 무엇일까요?

첫째, **합의 시점**입니다. 친고죄, 반의사불벌죄의 경우 형사판결이 나기 전에 합의가 된다면 형사사건이 종결되므로, 피의자(가해자)는 **판결 전에 합의하는 것**이 중요합니다. 합의를 통해 피해배상받는 것을 고려하는 **피해자라면 일단 형사고소를 진행하고 합의 제안을 검토**하시면 됩니다. 반면, 그 외 범죄는 처벌불원이 있어도 수사와 재판이 계속 진행됩니다. 이 경우 **고소 '전' 조기합의의 기회를 주면서 유리한 협상 고지를 점할 수도 있습니다**(고소해 버리면 합의해도 수사가 계속됨). 물론 합의는 양형에 영향을 미치므로 피고인으로서는 합의할 유인이 있지만, 피의자로서는 기소 전 합의하여 사건이 기소유예 등으로 종결되는 것을 원할 것입니다.

둘째, **합의 문구**입니다. 피의자가 합의금을 마련하여 주는 경우 "처벌을 원하지 않는다"라는 문구가 기재되도록 협의하세요. 또한, **추후 민사상 손해배상 책임을 묻지 않는 것으로 합의하는 것이 맞는지** 분명히 확인하십시오. 위와 같이 합의하지 않을 경우, 자칫 형사 합의금을 주고 민사상 손해배상 청구를 당하는 경우가 있을 수 있습니다.

TIP

실무상 합의문구는 최소한 **"민사, 형사(및 행정)상으로 일체의 책임을 묻지 않고 위반 시 부당이득, 손해배상 청구에 이의를 제기하지 않는다"** 라는 등의 기재가 적절하다고 보입니다.

질문 고소인의 이의신청

제가 고소한 사건에 대해 경찰이 불송치 결정을 내려서 너무 화가 납니다.
▶▶ 고소인의 이의신청을 고려해 볼 수 있습니다!

답변

고소한 사건이 경찰 단계에서 혐의가 없다는 취지로 불송치 결정이 내려진 경우 많이 당황스러우실 겁니다. 고소 의견을 보충하여 다시 한번 더 판단받고 싶으시다면 고소인의 이의신청을 잘 준비하셔야 합니다.

경찰은 불송치 결정을 하는 경우 그 이유를 기재한 서면과 함께 관계서류와 증거물을 지체 없이 검사에게 송부하고, 검사는 90일 이내 해당 기록을 검토한 뒤 경찰에게 서류와 증거물을 반환해야 합니다. 그 이후 경찰은 7일 이내에 서면으로 불송치 결정의 취지와 이유를 통지하게 됩니다.

경찰로부터 불송치 결정 통지를 받은 고소인 등(고소인, 피해자 또는 그 법정대리인이 해당되며, 고발인은 제외됩니다)은 소속 경찰서장 등에게 이의를 신청할 수 있습니다. 이의신청서가 접수되면 경찰은 **지체 없이 검사에게 사건을 송치**하면서 관계 서류와 증거물을 송부하고, 이의신청에 대한 처리 결과와 이유를 신청인에게 통지해야 합니다.

고소인으로서는 검사가 경찰의 결정을 번복하고 추가로 수사를 하거나 공소를 제기할 수 있도록 **이의신청서에 이의신청의 이유를 자세히 기재**하여 제출할 필요가 있습니다. 현재 형사소송법 등은 **이의신청의 기간에 대해서는 아무 제한을 두고 있지 않으므로**, 공소시효가 완성되지 않는 한 언제든 이의신청을 할 수 있습니다. 단, 이의신청을 하려는 고소인은 **미리 검사실에 이의신청서를 제출할 것이라는 의사**를 분명히 밝혀 두는 것이 좋습니다.

TIP

검사가 불기소처분을 할 경우 불기소이유서에는 불기소의 이유가 비교적 구체적이고 상세하기 기재됩니다. 그러나 **경찰이 불송치 결정을 할 때 고소인에게 통지하는 불송치 결정의 취지와 이유는 간략하게 기재되는 경우가 많습니다.** 따라서 이의신청서를 작성할 때는 사건 내용에 대해 다시 한번 전반적으로 검토하여 신청서 작성에 주의를 기울이는 것이 좋습니다.

> **질문** 불송치 이의신청

고소인이 아닌 고발인도 경찰의 불송치결정에 대해 이의신청을 할 수 있나요?

▶▶ 원칙적으로는 NO. 단 피해자가 고발한 경우라면 YES!

답변

경찰이 고소, 고발 사건을 수사한 이후, 범죄의 혐의가 있다고 판단하면 검사에게 사건을 송치합니다. 혐의가 없다고 판단하면 그 이유를 명시한 서면과 관계 서류, 증거물을 검사에게 송부하고, 7일 이내에 고소인, 고발인, 피해자 등에게 불송치결정의 이유를 통지해야 합니다.

불송치결정 통지를 받은 사람은 경찰서장에게 이의신청을 할 수 있습니다. 이의신청을 하면 사건이 검찰에게 송치되고, 검찰이 보완수사 요구 또는 직접 수사를 할 가능성이 생깁니다.

다만 2022. 9. 10. 시행된 개정 형사소송법은 이의신청을 할 수 있는 사건 관계인의 범위에서 '**고발인**'을 **제외**하였습니다. 즉, 고발인은 이의신청을 할 수 없습니다. 생각건대, 아무 이해관계도 없는 제3자가 악의적인 의도로 고발을 남발하여 행정력이 낭비되는 것을 막기 위한 것으로 보입니다. 이의신청은 기한이 정해져 있지 않아 피고발인의 법적 안정성이 저해될 우려가 고려됐을 수 있습니다. 다만, 악의적 목적이 아닌 경우도 있겠죠. 고발인이 불송치결정에 대해 다툴 방법은 없을까요?

형사소송법은 "**피해자**"에 대해서는 **여전히 이의신청권을 인정**합니다. 헌법재판소 역시 고소권자가 형식상 고발, 진정, 탄원을 한 경우에도 범인의 처벌을 원하는 의사표시가 있다면 **실질상 고소**한 것이라고 판단하였습니다. 명목상 고소인지 고발인지보다 실질이 더 중요하다는 것이지요. 그렇다면 피해자에게 이의신청권을 인정하지 않을 이유가 없어 보입니다.

TIP
피해자임에도 고소장이 아닌 고발장 형식으로 피해 신고를 하였다면 이의신청을 할 수 있을 것으로 판단됩니다. 피해자의 이의신청을 받은 검사는 경찰에 보완수사를 요구하는 등의 조치를 취해야 할 것입니다.

질문 검사의 재수사요청

검사의 재수사요청이 떨어졌는데, 이게 무슨 일인가요.
▶▶ 검사는 이의신청을 할 수 없는 사건에 대해 자체적으로 재수사요청을 할 수 있습니다!

답변

경찰이 불송치결정을 내린 이후 검사가 재수사요청을 하는 경우가 있습니다. 고소인이 있는 사건이라면 경찰이 불송치결정을 했을 때 고소인이 이의신청의 방법으로 불복하여 사건이 검찰에 송치될 수 있을 것입니다. 다만, **고소인이 이의신청을 하지 않거나, 이의신청을 할 고소인 등이 없는 사건(예컨대, 마약사건 등 피해자가 없는 사건)의 경우 검사는 재수사요청**을 통해 경찰의 불송치 결정을 통제하게 됩니다.

검사는 경찰이 사건을 송치하지 않은 것이 위법, 부당하다고 판단하면, 경찰로부터 관계 서류 및 증거물을 송부받은 날로부터 원칙적으로 90일 이내에 해당 서류와 증거물을 반환하면서 그 내용과 이유를 명시한 문서로 경찰에게 재수사를 요청할 수 있습니다. 이때 경찰은 사건을 재수사해야 하고, 검사는 재수사를 요청한 사실을 고소인 등에게 통지해야 합니다.

경찰이 재수사를 한 후 범죄의 혐의가 있다고 인정할 경우, 검사에게 사건을 송치하고 관계 서류와 증거물을 송부합니다. 기존의 불송치 결정을 유지하는 경우라면 재수사 결과서에 그 내용과 이유를 구체적으로 적어 검사에게 통보합니다. 검사는 경찰이 불송치 결정을 유지하면서 재수사 결과서를 통보한 사건에 대해서는 원칙적으로 다시 재수사를 요청하거나 송치 요구를 할 수 없습니다.

TIP
검사의 재수사요청에 따라 경찰이 사건을 재수사하던 중 **고소인 등이 이의신청을 할 경우, 경찰은 재수사를 중단하고 검찰에 사건을 송치하고, 관계 서류와 증거물을 송부**해야 합니다.

질문 검찰처분

고소인으로서 검사의 불기소처분을 다투는 방법이 있나요?
▶▶ 검찰 항고나 재정신청 또는 헌법소원을 생각해 볼 수 있어요!

답변

검찰의 불기소처분을 받은 고소인은 항고를 통해 검찰의 처분에 대해서 다툴 수 있습니다. 이러한 검찰 처분에 대한 항고에 대해 항고기각 결정 통지를 받는다면, 10일 이내에 지방검찰청검사장 또는 지청장에게 재정신청서를 제출해서 다시 다투어 볼 수 있습니다. 고발인은 항고기각에 대해서 대검찰청에 재항고도 가능합니다.

주의할 것은 검찰 항고와 달리 재정신청은 10일 이내에 구체적인 사유를 기재한 서면을 제출해야 하고, 재정신청 이유를 충분히 설명하여 검찰처분의 부당함을 다투어야 한다는 것입니다. 재정신청 사건을 담당하는 고등법원은 3개월 이내에 처리하라는 관련 규정을 대부분 준수하고 있습니다.

TIP
검사의 처분에 대해서는 당해 지방검찰청을 관할하는 고등법원에 재정신청을 할 수 있습니다. 다만, 불기소처분이 재정신청의 대상이 되지 아니하거나, 고소하지 않은 범죄 피해자가 불기소처분을 다투고 싶은 경우 등 직접적인 권리구제수단이 없는 경우에는 예외적으로 헌법소원심판의 청구를 고려할 수 있습니다.

검찰의 '기소유예처분'이란 유죄이지만, 선처해 준다는 취지의 처분입니다. 유죄를 인정하는 피의자 입장에서는 최대한의 선처가 될 수 있으나, 무죄를 다투는 피의자 입장에서는 검사가 기소를 안 했기 때문에 법원의 재판을 받을 수 없는 엄청난 불이익을 받는 것이죠. 이때 기소유예처분을 받은 피의자는 기소유예처분이 있음을 안 날로부터 90일 이내에, 그 사유가 있는 날부터 1년 이내에 헌법소원을 청구해야 합니다. 검찰의 수사미진 또는 법리오해의 위법이 있어 피의자의 행복추구권, 평등권 등 기본권이 침해되었음을 잘 설명한다면 부당한 기소유예처분이 취소될 수 있습니다.

최근 헌법재판소는 식당 주인이 길에서 주운 신분증을 제시한 청소년에게 술을 판 뒤 검찰의 기소유예처분을 받은 사안에서, 주인이 신분증을 확인했고 성인으로 오인할 가능성이 있었다며 위 처분을 취소해야 한다고 판단했습니다.

질문 증거

타인의 대화를 몰래 녹음한 경우 증거로 사용할 수 있을까요?

▶▶ 원칙상 형사사건의 증거는 안 되지만, 민사사건의 증거가 될 가능성은 있어요!

답변

공정한 재판은 공정한 증거 취사에서 시작된다고 해도 과언이 아닙니다. 그러나 정보 보유상의 불균형으로 인해 사회적 약자가 증거를 확보하기는 쉽지 않습니다.

통신비밀보호법에 따르면 누구든지 공개되지 않은 타인 간의 대화는 녹음할 수 없고, 해당 녹음은 재판이나 징계에서 증거로 사용할 수 없어요. **반대로 '대화 당사자 사이 대화' 또는 '공개된 대화'는 상대방 동의가 없어도 녹음할 수 있답니다.**

최근 학부모가 아동학대를 의심해 아이 가방에 녹음기를 넣어 몰래 교사의 발언을 녹음한 사안에서, 그 녹음 파일은 증거로 사용할 수 없다는 대법원 판결이 있었어요. 당시 초등학교 학생 30여 명이 수업에 참여하고 있었는데 그 수업에서의 대화는 '공개되지 않는 대화'라고 판단한 것이죠. 대화자의 교사의 동의가 없으면, 이러한 녹음은 형사재판에서 증거 사용이 불가능하다는 것입니다. 위 대법원 판시로 인하여 향후 통신비밀보호법에 위반되는 몰래 녹음은 증거로 사용되지 못할 가능성이 커졌습니다. 다만 하급심에서는 아직 논란이 있습니다.

TIP

민사재판은 형사재판과는 다릅니다. **통신비밀보호법을 위반한 녹취라도 민사재판에서는 증거를 폭넓게 인정하여 증거로써 사용될 수 있습니다.** 생활상 녹취 때문에 우리가 사회생활을 하는 데 어려움도 있지겠지요. 다만, 직장 내 괴롭힘을 당한 근로자 등은 증거를 확보하기 위해 대화를 녹취해야 할 필요성도 있어요. 물론 무분별한 녹취를 했다가는 민사상 손해배상책임이 발생할 수 있고, 노사 간 신뢰 관계를 침해했다는 이유로 징계 대상도 될 수 있으니 주의해야 합니다.

질문 양형 변론

죄를 자백하는 경우, 선처와 감형을 구하는 가장 좋은 방법은 무엇인가요?

▶▶ 이른바 양형변론을 하기 위해서는 양형기준을 잘 숙지하여야 합니다!

답변

모든 형사사건에서 무죄 주장을 해야 하거나, 할 수 있는 것은 아닙니다. 때로는 죄를 인정하고 형량을 줄이는 변론 방식이 현명할 수 있습니다.

혐의사실(공소사실)을 모두 인정하고, 선처 또는 감형을 구하는 변론, 다시 말해 '양형을 다투는 변론'에서 꼭 알아야 할 사항은 무엇일까요?

대법원 양형위원회는 범죄유형별 양형기준을 공개하고 있습니다. 양형기준은 법관이 특정한 선고형을 정할 때 참고하는 기준입니다. 구속력은 없으나, **법관이 양형기준을 이탈하는 경우에는 판결문에 양형이유를 기재해야 합니다.** 즉, 법관은 합리적인 사유 없이 양형기준을 위반할 수 없습니다.

결국 효과적인 양형변론을 위해서는 양형기준을 참고하여 양형자료를 수집할 필요가 있습니다. 양형기준은 "형종 및 형량 기준"과 "집행유예 기준"으로 구성됩니다. 예컨대, 형종 및 형량 기준은 범죄군별로 범죄유형을 구분한 뒤, 각 유형별로 **"감경", "기본", "가**

중"의 3단계 권고 **형량범위**를 제시합니다. 즉, 법관은 특정 범죄유형을 찾아 권고 형량범위를 결정한 다음 특별/일반 양형인자를 고려하여 최종 선고형을 정합니다. "집행유예 기준"의 적용도 이와 유사합니다.

횡령, 배임범죄의 경우를 예로 들어 양형기준과 함께 설명해 보겠습니다. 먼저 횡령, 배임 범죄유형의 경우 금액을 기준으로 **"감경"**, **"기본"**, **"가중"**의 **형량범위**를 적용합니다. 이후 **감경요소**로서 "손해발생의 위험이 크게 현실화되지 않은 경우", "실질적 1인회사나 가족회사인 경우", "오로지 회사 이익을 목적으로 한 경우" 등에 해당하는지를 판단하고, **가중인자**로서 "다중의 피해자가 발생하였거나 피해자에게 심각한 피해를 야기한 경우", "범죄수익을 의도적으로 은닉한 경우" 등에 속하는지를 검토하여 최종적으로 선고형을 정합니다.

TIP
양형기준에 대한 이해를 통해 감경요소에 부합하는 사실관계와 증거를 잘 수집하고, 가중요소에 해당하는 점이 없다는 것도 잘 주장해야 합니다.

횡령/배임 양형기준
* 감경, 기본, 가중의 3단계 권고 형량범위

유형	구분	감경	기본	가중
1	1억 원 미만	~10월	4월~1년 4월	10월~2년 6월
2	1억 원 이상, 5억 원 미만	6월~2년	1년~3년	2년~5년
3	5억 원 이상, 50억 원 미만	1년 6월~3년	2년~5년	3년~6년
4	50억 원 이상, 300억 원 미만	2년 6월~5년	4년~7년	5년~8년
5	300억 원 이상	4년~7년	5년~8년	7년~11년

* **형종 및 형량의 기준**

구분		감경요소	가중요소
특별양형인자	행위	- 사실상 압력 등에 의한 소극적 범행가담 - 손해발생의 위험이 크게 현실화되지 아니한 경우 - 실질적 1인 회사나 가족회사 - 오로지 회사 이익을 목적으로 한 경우 - 임무위반 정도가 경미한 경우	- 대량 피해자(근로자, 주주, 채권자 등을 포함)를 발생시킨 경우 또는 피해자에게 심각한 피해를 야기한 경우 - 범죄수익을 의도적으로 은닉한 경우 - 범행수법이 매우 불량한 경우 - 피지휘자에 대한 교사
	행위자/기타	- 청각 및 언어장애인 - 심신미약(본인 책임 없음) - 자수 또는 내부비리 고발 - 처벌불원 또는 실질적 피해 회복(공탁 포함)	- 동종 누범
일반양형인자	행위	- 기본적 생계·치료비 등의 목적이 있는 경우 - 범죄수익의 대부분을 소비하지 못하고 보유하지도 못한 경우 - 소극 가담 - 업무상 횡령·배임이 아닌 경우 - 피해기업에 대한 소유지분 비율이 높은 경우	- 범행으로 인한 대가를 약속·수수한 경우 - 지배권 강화나 기업 내 지위 보전의 목적이 있는 경우 - 횡령 범행인 경우
	행위자/기타	- 심신미약(본인 책임 있음) - 진지한 반성 - 형사처벌 전력 없음 - 상당한 피해 회복(공탁 포함)	- 범행 후 증거은폐 또는 은폐 시도 - 이종 누범, 누범에 해당하지 않는 동종 및 사기범죄 실형전과(집행 종료 후 10년 미만) - 합의 시도 중 피해 야기(강요죄 등 다른 범죄가 성립하는 경우는 제외)

MEMO

질문 선고기일 변경

선고기일이 변경되어 너무 답답합니다. 이유가 무엇인가요?
▶▶ 몇 가지 이유가 추론 가능하나, 속단하기는 어렵습니다!

답변

선고기일을 불과 며칠 앞두고 기일 변경명령이 내려졌나요? 이미 연기된 선고기일이 재차 연기되는 경우도 종종 있습니다. 형사사건을 기준으로 피고인, 고소인(피해자) 모두 누구보다 재판의 결과를 기다렸을 것입니다. 선고기일의 변경은 누구에게 유리하고 불리한 것일까요?

결론부터 말씀드리면, 죄송하지만 정답은 **"알 수 없다"**입니다. 판사님의 속사정을 알아야 하는데, 외부에서 이를 알 수 없으니까요. 다만 실무상 크게 세 가지 상황을 예측해 볼 수 있습니다.

첫째, **유/무죄 판단이 여전히 고민**되는 경우입니다. 간단한 사건도 있지만, 사실관계 및 법리가 복잡하고 당사자 간 증언이 엇갈리는 경우도 많습니다. 쉽게 결론을 내리기 어렵기 때문에 재판과정에서 현출된 증거들을 다시 한번 살펴보고 고민할 시간이 필요한 것이지요.

둘째, **써야 할 판결문이 밀린** 경우입니다. 마음속 결론은 났는데 단순히 처리할 시간이 부족했을 수 있습니다.

셋째, **판결이유를 자세히 써야 하는** 사건이 있습니다. 이전 사유들과 유사해 보이지만 조금 다릅니다. 예컨대, 검사(혹은 처벌을 원하는 피해자), 피고인 측이 치열하게 다툰 경우라면, 판사로서는 별 다툼 없이 양형(어떤 형을 선고할지)만이 쟁점인 경우보다 판결이유를 자세히 적어야 하는 부담감을 가질 수 있습니다. 치열하게 다툰 만큼 검사 또는 피고인 측 모두 판결 내용에 대해 납득하고 싶어 할 테니까요. 그 경우 판결문 작성 시에 더 큰 부담을 느끼고 보다 많은 시간이 필요할 수 있습니다.

TIP

선고기일 변경은 피고인에게 유리한 사정일까요, 불리한 사정일까요? 앞서 살펴봤듯이 선고기일 변경의 이유가 제각각이므로 섣불리 속단하기 어렵습니다. 실무적으로는 피고인에게 더 불리했던 경우도, 유리했던 경우도 있었습니다. 결국은 판결이 나기 전까지 일희일비하기보다는 차분한 마음을 가지고 기다리는 것이 필요해 보입니다.

질문 기소유예, 선고유예, 집행유예

기소유예, 선고유예, 집행유예의 차이가 뭔가요?
▶▶ 기소유예는 검사가, 선고유예/집행유예는 판사가 결정합니다.

답변

무언가 비슷해 보이는데, 정확한 차이를 말하기 어려운 각종 '유예'들! 이참에 같이 정리해 봅시다.

기소유예는 혐의사실이 인정되나, **형법 제51조의 사항**(① 범인의 연령, 성행, 지능과 환경, ② 피해자에 대한 관계, ③ 범행의 동기, 수단과 결과, ④ 범행 후의 정황)을 참작하여 검사가 **기소하지 않기로** 하는 것을 말합니다.

선고유예는 판사가 경미한 범죄인에 대하여 일정 기간 **형의 선고를 유예**하고 그 유예기간을 특별한 사고 없이 경과한 때에는 **면소판결(범죄는 성립하나 소송을 계속할 이익이 없다는 이유로 종결하는 판결)된 것으로 간주**하는 제도입니다. 처벌의 오점을 남기지 않음으로써 사회복귀를 돕기 위해 고안되었습니다. 선고유예는 1) 1년 이하의 징역이나 금고, 자격정지 또는 벌금형 선고할 때, 2) 개전의 정상이 현저한 때 가능합니다. '개전의 정상이 현저한 때'는 형을 선고하지 않아도 재범의 위험이 없다고 인정되는 것을 말하며 위 **형법 제51조**의 사항을 고려합니다.

집행유예는 판사가 일단 유죄를 인정하여 **형을 선고**하되 일정한 요건이 충족되면 일정 기간 동안 **그 형의 집행을 유예**하고, 유예기간이 경과하면 **형 선고의 효력을 상실**케 하는 제도를 말합니다. 집행유예 역시 형집행의 유예를 통해 범죄인의 자발적, 능동적 사회복귀를 도모하는 제도입니다. 집행유예는 i) 3년 이하의 징역이나 금고, 500만 원 이하의 벌금형을 선고하면서, ii) **형법 제51조** 사항을 고려하여 정상 참작 사유가 있고, iii) 금고 이상의 형을 선고한 판결이 확정된 때부터 그 집행을 종료하거나 면제된 후 3년 이내에 범한 죄가 아닌 때 내려집니다.

TIP
실무에서는 기소유예-선고유예-집행유예 순으로 좋다고 볼 수 있습니다. 아예 기소가 되지 않으면 좋고, 범죄가 인정되더라도 형의 선고가 유예되면 좋다는 거죠.

질문 형사보상

억울하게 구속되어 재판을 받다가 무죄를 받았다면 보상받을 수 있나요?

▶▶ 구금 보상과 변호인 비용 보상을 받을 수 있습니다!

답변

형사보상이란 사법당국의 과오로 누명을 쓰고 구속되었거나 형의 집행을 받은 자에 대한 무죄판결이 확정된 경우 국가가 손해를 보상해 주는 제도입니다. 헌법상 무죄추정의 원칙이 기본이므로 불구속 재판을 받아야 하는데, 구속 재판을 받다가 무죄로 최종 결론이 났다면 부당하게 신체의 자유가 제한받은 것을 보상하는 것이죠. 크게 구금된 일수에 따른 구금 보상과 형사재판에 들어간 변호사 선임 비용에 대한 보상이 있습니다. 피고인이 지출한 비용 전액을 보전해 주지 않으니, 당사자로서는 미진한 보상일 것입니다.

구금에 대한 보상은, 당해연도 하루 최저임금액의 5배 이하의 범위 내에서 여러 가지 사정을 종합하여 정하고 있어요. 2025년 최저임금은 시급 10,030원이고, 1일 치는 8시간 기준 80,240원입니다. 따라서 하루 구금에 대한 보상은 최대 401,200원까지 가능하죠. 여기에 구금된 일수를 곱해서 보상받습니다.

한편, 억울한 기소로 형사재판을 준비하느라 지출된 변호사 선임 비용은 국선변호인 보수에 준해서 지급하고 있어요. 대법관회의에서 국선변호인의 보수를 정하고 있는데, 심급당 최근 보수 기준인

건당 55만 원의 5배인 225만 원을 청구할 수 있습니다.

TIP

형사사건의 의뢰인이 너무 억울하다고 호소하셔서 무죄를 주장한 경우가 많습니다. 형사사건에서 무죄를 주장하면 반성하지 않는다고 보아 형량을 정할 때 불리하게 받아들여질 수 있어요. 마구잡이로 무죄를 주장하기보다는 전문가의 신중한 검토를 받으시기를 권유드립니다.

많은 무죄 사건에서 형사보상까지 챙겨 드린 경험이 있어요. 실무상 변호사비용 영수증, 심급별 판결정본, 확정 증명서를 챙겨서 형사보상을 청구해야 합니다. 무죄판결이 확정된 사실을 안 날부터 3년 이내에 청구해야 하고, 주문이 아닌 이유 무죄의 경우에도 형사보상이 가능합니다.

질문 용도 사기

대여금 용도를 속여서 빌려 간 경우 사기죄로 처벌할 수 있을까요?

▶▶ 돈의 용도, 변제 계획을 속였다면 사기죄가 성립할 수 있습니다!

답변

실무를 하면서 사기 사건을 많이 접합니다. 우리나라 형사범죄 가운데 사기 범죄가 가장 많다니 이해가 갑니다. 문제는, 빌려준 돈을 받지 못해 사기 고소를 했으나 수사기관이 돌려보내는 경우가 많다는 것입니다. 민사소송으로 해결하라는 것입니다. 기껏 고소했더니 사건이 반려되는 것을 방지하려면 고소장에 범죄 성립 요건이 모두 충족되었음을 잘 설명해야 합니다.

형법은 "사람을 기망하여 재물의 교부를 받거나 재산상 이익을 취득"한 경우 사기죄가 성립한다고 규정합니다. 쉽게 말해 "속여서" "이득"을 보면 된다는 것인데, 구체적으로 주장해야 할 내용은 각 상황에 따라 달라집니다.

먼저 돈을 빌리고 갚지 않는 경우에 대해 살펴봅시다. 법원은 돈을 **빌릴 당시 "갚을 의사와 능력**이 없으면서 있는 것처럼 속여" 돈을 교부받은 경우에는 사기죄가 성립한다고 봤습니다. 핵심은 **빌릴 당시에** 이미 갚을 의사나 능력이 없어야 한다는 것입니다. 최초에는 변제할 의사와 능력이 있었지만, **빌린 이후 여러 가지 사정으로 변제를 할 방법이 없어졌다면 사기의 고의가 있었다고 보지 않**

습니다. 많이 간과하시는 부분입니다.

그렇다면 특정 용도에 사용하겠다고 하여 돈을 빌려줬는데 알고 봤더니 다른 목적으로 사용한 경우는 어떨까요? 법원은 "차용한 금전의 **용도**나 **변제할 자금의 마련 방법**에 관하여 **사실대로 고지하였더라면 상대방이 응하지 않았을 경우**에, 그 용도나 변제자금 마련방법을 속여서 금전을 교부받은 경우 사기죄가 성립"한다고 봤습니다. 설령 위 차용금 채무에 대해 "담보를 제공"하였더라도 마찬가지로 사기죄는 성립한다고 판단했습니다.

TIP

단순히 돈을 못 갚았으니 사기에 해당한다고 주장하면 안 됩니다. **최초 빌릴 당시에** 변제능력, 변제의사가 없었다는 점, 특히 용도 사기의 경우에는 **돈의 사용처를 알았다면 대여하지 않았을 것이라는 점**을 강조해야 합니다.

질문 가지급금 횡령

1인 주주 회사의 대표이사로서 가지급금 명목으로 돈을 빼 썼는데 문제가 될까요?

▶▶ 회사 지분을 100% 보유하고 있더라도 업무상횡령죄가 성립할 수 있습니다.

답변

최근 모 여배우가 1인 주주로 있었던 기획사의 현금 약 40억 원을 가상화폐 등에 투자하여 횡령죄로 재판을 받게 되었다는 소식이 있었습니다. 위 회사는 지출된 40억 원을 가지급금이라는 회계 계정과목으로 계상해 놨을 것입니다. 통상 회사가 현금 등을 지급하면서 거래 내용이 불분명하거나 확정되지 아니한 경우 가지급금이라는 임시의 회계 계정으로 계상해 놓고 차후 이를 단기 채권 등으로 계정 변경을 하는 것이 보통입니다.

그런데 법원은 회사의 대표이사가 회사를 위한 지출 이외의 용도로 거액의 회사 자금을 가지급금 등의 명목으로 인출, 사용하면서 **이자나 변제기를 약정하지 아니하고 이사회 결의 등 적법한 절차도 거치지 아니하는 경우** 대표이사의 지위를 이용하여 회사 자금을 사적인 용도로 임의로 대여, 처분하는 것으로 보아 업무상횡령죄가 성립한다고 판단합니다. 해당 회사가 **1인 주주 회사이거나, 사후에 반환하거나 변상, 보전하려 했던 의사가 있다고 하더라도** 횡령죄 인정에는 아무 지장이 없습니다.

그렇다면 어떻게 해야 업무상횡령죄 혐의에서 벗어날 수 있을까요? 회사와 대표이사 사이에 **이자나 변제기 약정**을 하세요. 이때 최소 법인세법이 규정하는 **가지급금 인정이자율 4.6%**를 약정하는 것이 좋습니다. 또한, 가지급금이 회사 규모에 비해 크다면, 상법에 따른 회사와 이사 사이의 자기거래에 해당할 수 있으므로 대표이사를 제외한 나머지 이사 **2/3 이상의 승인**을 받아야 합니다. 한편, 법원은 자금거래의 편의를 위해 일단 가지급금 형식을 빌렸을 뿐, 해당 가지급금을 **회사를 위해 사용했다면 불법영득의사가 없어** 횡령죄가 성립하지 않는다고 판단한 경우도 있어 참고하시기 바랍니다.

TIP
내가 100% 지분을 가지고 있는 회사라도, 내 회사(법인)는 나(개인)와는 엄연히 별개의 인격체입니다. 대표님들은 가지급금에 특히 주의하셔야 합니다.

질문 **스토킹처벌법 위반**

층간 소음 분쟁이 격화되는 상황에서 유의하여야 할 점은?
▶▶ 스토킹처벌법으로 처벌받지 않도록 조심하세요!

답변

요즘 층간 소음 분쟁이 아주 흔합니다. 항의를 하는 경우도, 받는 경우도 많습니다. 원만히 해결되면 다행인데, 격화되어 큰 싸움으로 번지는 경우도 많습니다. 문제는, 감정이 앞서다가는 자칫 스토킹처벌법의 스토킹범죄로 해석되어 형사처벌을 받을 수 있다는 것입니다.

스토킹처벌법은 '스토킹범죄'를 i) 상대방의 **의사에 반하여** ii) **정당한 이유 없이** iii) ① 접근하거나 따라다니거나 진로를 막아서거나, ② 기다리거나 지켜보거나, ③ 전화나 문자를 하거나, ④ 물건을 도달하게 하거나, ⑤ 주거 부근 물건을 훼손하거나, ⑥ 개인정보 등을 제3자에게 제공 배포 게시하는 행위를 iv) **지속적 또는 반복적**으로 하여, v) **불안감 또는 공포심**을 일으키는 것이라고 정의합니다. 스토킹범죄를 신고하면, 경찰은 즉시 제지하고 수사해야 하고, 접근이나 연락 금지 등 긴급응급조치를 취할 수 있으며, 법원은 가해자에게 위치추적 전자장치의 부착 등을 명할 수 있습니다.

그렇다면 쿵쾅거리는 윗집에 올라가서 항의를 하는 경우는 어떨까요? 대화로 원만하게 해결해 보고자 처음 집을 방문하는 경우 그 자체로 스토킹범죄에 해당하지는 않을 것입니다. 다만, 이웃이 불안감 또는 공포심이 든다며 **직접 항의 방문을 하지 말 것을 분명히 요구했음에도**, 관리실이나 경비실을 통한 문제제기, 분쟁조정위원회 등을 통한 문제 해결 도모 등 다른 방법을 거치지 않은 채 지속적 또는 반복적으로 다시 항의 방문을 하거나 쪽지 등을 남기는 경우 스토킹범죄로 처벌될 수 있습니다.

TIP

상대방을 스토킹 범죄로 고소하고 싶다면, 상대방에게 하지 말라는 **"명시적인 반대 의사"** 를 표시했음을 꼭 증거로 남겨 두세요. 반대로 항의를 하는 입장이라면 상대방의 "반대 의사"가 없었고, "정당한 이유"가 있었으며, "불안감 또는 공포심"을 일으킬 만한 접근 내지 연락이 없었다고 잘 주장, 증명해야 합니다. **저는 항의할 거면 차라리 경찰을 대동하여 가라고 합니다.** 사적인 접근일수록 스토킹범죄가 문제가 될 가능성이 높으니까요.

질문 무고

허위고소에 대한 무고죄 고소를 하고 싶습니다.
▶▶ 무고의 고의를 입증할 수 있는지가 관건입니다!

답변

강제추행으로 고소당해서 집이 풍비박산이 났다며, 고소인을 무고죄로 고소하고 싶어 하는 분이 계셨어요.

무고죄는 ① 타인으로 하여금 형사처분이나 징계처분을 받게 할 목적으로 ② 허위의 사실을 신고한 경우에 성립하는 범죄입니다. 따라서 신고한 사실이 결론적으로 법정에서 무죄로 선고되었다는 사유만으로는 신고한 사실이 허위라고 단정할 수 없어요.

신고내용에 일부 객관적 진실에 반하는 내용이 포함되어 있더라도 그것이 범죄의 성부에 영향을 미치는 중요한 부분이 아니고 단지 신고사실의 정황을 과장한 것에 불과하다면 무고죄가 성립되지 않을 수 있습니다. 즉, 검찰에서 무혐의처분이 났다거나 법원에서 무죄판결이 있었다고 해서 바로 무고죄가 성립하는 것이 아니라는 것입니다. 결국은 내가 적극적으로 상대방의 무고의 범의를 증명해야 합니다.

그런데 실무상 일반인이 무고를 입증하기가 너무 어렵습니다. 피해자가 형사고소 하는 것이 제한된다고 보기 어려운 데다가, 단순히 고소 사실에 대한 증거가 충분하지 않다는 등의 이유로 불기소처분되었다고 본다면 책임을 묻기 어렵기 때문이죠. 민사상 손해배상청구도 인정되는 사례가 거의 없네요. 사안에 따라서는 무고보다는 위증을 주장하여 피해를 증명해 내는 것이 용이할 수도 있어요.

성범죄는 우리 사회에서 용서할 수 없는 범죄임이 틀림없고, 실제로도 엄벌하고 있는 추세입니다. 최근 성인지감수성에 대한 인식도 매우 높아졌습니다. 별다른 물증이 없는데 피해자의 일관된 진술만으로도 처벌되기도 합니다. 문제는, 위와 같은 사회적 변화를 악용하여 합의금을 받아 낼 목적으로 허위 고소하는 경우가 있다는 것입니다. 초동대처를 제대로 하지 못한 때는 아무리 억울하다고 생각하더라도 성범죄 혐의를 피하기 어렵습니다.

TIP
물증이 없다고 성범죄자를 처벌하지 못해도 안 되지만, 무조건 성범죄자로 몰아가서도 안 될 것입니다. 좀 더 개선된 방향으로 지혜가 모였으면 합니다.

질문 음주운전

벌써 3번째 음주운전이라고요?
▶▶ 실형을 면하기 위해 최대한 노력하셔야 합니다.

답변

음주운전은 이제 용서받기 어렵습니다. 과거 대부분 구약식처분을 하였고, 처벌받더라도 100~200만 원 내외의 벌금형이 최대치였습니다. 그런데 점점 음주운전이 타인의 인생을 파괴하는 사회악이라는 공감대가 형성되면서 처벌이 강화되었지요. 요즘은 초범이라도 징역형의 집행유예가 내려지기도 합니다. **과거 10년 이내에 음주전과가 있으신 분들은 구속이 될까 걱정하는 경우가 많은데요. 인적, 물적 피해가 전혀 없는 경우라도 3번째부터는 단기 실형 선고가 나오고 있습니다.**

우선 음주운전으로 인적, 물적 피해가 발생한 경우에는 합의를 위해 노력하셔야 합니다. 민사적으로는 위자료, 적극손해(병원치료비), 소극손해(치료받느라 일하지 못한 손해)로 삼등분하여 구분합니다. 위자료는 1주당 50만 원 선의 개념으로 이해하시면 좋겠습니다. 가해차량 보험사가 제시하는 금액이 적다면 소송을 검토해 보시죠. 형사적으로는 상해진단서 주수에 따라 주당 100만 원 선의 개념으로 합의하는 것이 빈번했습니다. 다만, 상대방이 집행유예 기간에 있거나, 도주치상의 범죄가 발생했다면 더 많은 금액이 고려될 수 있겠죠.

TIP

인적, 물적 피해가 없고 음주 수치도 높지 않은 초범이라면, 대부분 구속까지는 되지 않습니다. 그렇지만 벌금형 음주전과가 있었는데 다시 음주운전을 하였고 음주수치가 높다거나, 징역형의 집행유예 음주전과가 있었던 경우 법률적인 도움이 필요하실 수 있습니다.

한편 피해자는 가해자와 합의할 수 있습니다. 이때, 이중 보상을 피하기 위한 합의의 기술이 필요합니다. **피해자는 '가해자의 보험회사에 대한 보험금청구권' 중 형사합의금에 상당한 채권을 피해자에게 양도(및 양도통지)하는 방법으로 형사합의가 향후의 민사합의 내지 손배청구에 영향을 미치지 않도록 할 수 있습니다.** 아니면 적어도 합의서에 해당 합의금이 형사 처벌불원 등에 대한 합의금일 뿐, 민사 손해배상과는 무관하다는 점을 명시하는 것이 좋겠죠. 위와 같이 명시적으로 약정하지 않는다면 자칫 향후 민사소송 손해배상 청구에서 형사 합의금 상당액만큼은 받지 못하게 될 수 있습니다.

질문 절도

아파트 주차장에 세워 둔 변호사 차량을 훔쳐 간 황당한 사건
▶▶ 경찰에 신고하시고, 손해배상청구를 준비합시다.

답변

기본적으로 '절도죄'에 해당합니다. 아파트 주차장은 주거 또는 관리하는 건조물에 해당할 수 있으므로 야간이었다면 '야간주거침입절도죄'로 가중처벌될 수도 있죠. 게다가 문을 손괴하거나 흉기를 휴대하거나 2명 이상이 합동하여 절취한 경우에는 '특수절도'로 가중처벌됩니다. 혹시 세 번 이상 징역형을 받은 사람이 다시 절도죄를 범한 경우라면 '특정범죄가중법'으로 가중처벌될 수가 있어요. 다만, 예외적으로 일시 사용으로 판명된 경우에는 '자동차 불법사용죄'가 성립할 수도 있습니다. 그런데 고소하는 피해자는 구체적 법령은 몰라도 되니, 너무 걱정하지 마세요.

실제 사례를 하나 말씀드릴게요. 차량에서 지문이 여러 개 발견되었는데, 이미 많이 신고된 사람의 것이었습니다. 그런데 누군지 특정이 안 된 것 보니 주민등록이 안 된 미성년자일 가능성이 컸습니다.

결국 경찰은 범인을 잡았습니다. 그런데 범인이 정말 미성년자였답니다. 형사고소와는 달리 민사 손해배상은 가해자가 스스로 보상해 주지 않으면 소송을 걸어야 합니다. 가해자가 미성년자일 때에는 법정대리인에게 연대 청구해야 합니다. 많은 경우 자력이 충분치 않아 피해 변제 회복이 어려워요. 여간 불편한 것이 아닙니다. 차라리 형사 배상명령제도를 확대해 주면 좋겠습니다.

TIP

저자가 피해자인 실제 사건이었습니다. 물건을 잃어버린 적이 없는데, 자동차를 도난당해서 매우 놀랐어요. 아파트 지하 2층에 주차해 둔 차량이 감쪽같이 사라졌습니다. 차를 빼라는 전화를 받고서야 주차장이 아닌 곳에서 차를 발견했습니다. 범인들이 사이드미러가 접히지 않은 차량만을 골라 내부 물건을 훔치고 차량을 운전했더군요. 당시 아픈 아이를 챙기다 보니 실수로 차 키를 두고 내렸던 것이 화근이었습니다. 범인을 잡고 보니 촉법소년들이었습니다. 범죄는 미워도 그 가정사를 듣고 보니 너무 안타까운 면도 있어서 처벌불원서를 써 줬던 기억이 나네요.

질문 명예훼손

리뷰에 있는 그대로의 사실을 썼을 뿐인데 고소한다고요?
리뷰도 명예훼손으로 처벌받을 수 있나요?

▶▶ 비방 목적이 없고 공익적 목적이 있다면 명예훼손으로 처벌되지 않습니다.

답변

직장인 A씨는 고가의 게임기를 구매했는데, 배송은 2주 이상 지연됐고 받은 제품은 고장이 나 있었습니다. 이에 A씨는 "배송이 지연됐고, 제품도 불량이었다"라는 리뷰를 남겼습니다. 그런데 해당 업체 측은 A씨의 리뷰가 자신들의 명예를 훼손한다며 법적 조치를 언급했습니다. 이런 경우 A씨가 작성한 리뷰는 정말 명예훼손에 해당할 수 있을까요?

정보통신망법상 명예훼손이 성립하려면 ① **사실을 적시하는 글이** ② **불특정 다수에게 공개됐고(공연성)**, ③ **특정 대상을 지목하며(특정성)**, ④ **상대방을 해치려는 의도(비방 목적)**가 인정되어야 합니다.

A씨의 리뷰는 게시된 플랫폼의 특성상 공연성(모두가 볼 수 있음)과 특정성(업체를 대상으로 함)이 인정됩니다. 리뷰 내용은 객관적인 경험에 기반했기 때문에 사실의 적시에도 해당하죠. 다만, A씨의 리뷰는 **소비자 입장에서 공유할 만한 정보로 공익성을 띠므로 비방 목적이 인정되지 않을 가능성이 높습니다.**

참고로 정보통신망법이 아닌 형법상 명예훼손은 비방 목적 없이도 사실을 적시해 타인의 명예를 훼손하면 성립되지만, 이 또한 진실한 사실이고 그 목적이 주로 공익적 정보 제공이라면 처벌하지 않습니다. 설령 A씨가 위 업체에 대한 불만을 표출하기 위해 리뷰를 작성한 측면이 있다고 하더라도, 그 주된 목적이 해당 업체를 이용하게 될 잠재적인 다른 소비자에게 올바른 정보를 전달하기 위한 것이었다면, 형법상의 명예훼손으로도 처벌할 수는 없다는 것이지요.

TIP
사실을 기반으로 한 리뷰는 소비자 보호를 위한 표현으로 보아 처벌받지 않을 가능성이 높습니다. 다만 허위 사실이나 욕설, 인격 비하 표현을 포함한 리뷰를 작성한 경우, 명예훼손이나 모욕죄가 될 수 있으니, 정보 중심의 절제된 표현이 중요합니다.

제 5 장

인사노무

질문 근로기준법상 근로자

누구나 1년 넘게 일하면 퇴직금을 받을까요? 나도 퇴직금을 받을 수 있는 P.T. 헬스트레이너일까요?

▶▶ 퇴직금을 받고 싶다면 근로기준법상 근로자가 되고, 자유롭게 일하고 싶다면 프리랜서가 되세요.

답변

퇴직금을 받으려면 '근로기준법상 근로자'여야 합니다. 법률적인 개념으로는 일하는 사람이라고 모두 근로기준법상 근로자는 아니라는 거죠.

불합리하다는 생각이 드나요? 세상에 일하는 방식은 참 다양해서 근로형태 별로 다르게 규율하고 있어요. 법적 근로자가 되면 퇴직금, 연차유급휴가 등이 생기는 장점도 있지만, 자유롭게 겸직하지 못하며 4대 보험 근로자 부담금도 납부해야 합니다.

실무상 근로기준법상 근로자 여부에 관한 판단기준이 가장 중요합니다. 근로 제공자가 임금을 목적으로 종속적인 관계에서 근로를 제공하였는지가 핵심이에요. ① 복무·인사규정 적용 여부, ② 사용자의 상당한 지휘·감독 여부, ③ 근무시간과 근무장소의 지정·구속 여부 ④ 노무 제공자가 독립한 사업 가능성 여부, ⑤ 이윤과 손실 위험을 부담하는지 여부, ⑥ 급여에 기본급이 정함이 있는지 등을 종합적으로 살펴서 판단하고 있습니다.

특히 사용자로서는 퇴직한 근로자에게 14일 이내에 임금 및 퇴직금을 지급하지 않으면, 연 20%의 지연이자 및 3년 이하의 징역 또는 3천만 원 이하의 벌금에 처할 수 있으니 주의해야 합니다.

TIP

최근 뉴스에 헬스트레이너, 채권추심원의 근로기준법상 근로자성을 인정한 판례가 있었는데, 그럼 앞으로 모든 헬스트레이너, 채권추심원이 퇴직금을 받을 수 있을까요? 그건 아닙니다. 그렇게 오해하시면 안 됩니다. 헬스트레이너라도 현장마다 일하는 형태는 다양하기도 하고, 구체적인 사실관계와 증명 정도에 따라 달라지는 부분이 있어 개별 사건 별로 전문가와 상의가 필요합니다. 사용자라면 채용공고를 올릴 때는 물론 근로계약서를 쓸 때부터 근로조건을 명확히 해야 합니다.

질문 근로계약서 작성

하루 일하는 근로자도 근로계약서를 작성해야 할까요?

▶▶ 일하기 전 반드시 필수적 기재사항을 넣어 근로계약서를 제대로 작성해서 교부합시다.

답변

사용자는 근로자에게 ① 임금의 구성항목, 계산방법, 지급방법, ② 소정근로시간, ③ 휴일, ④ 연차유급휴가, ⑤ 취업장소, ⑥ 종사업무 등을 기재한 근로계약서를 작성하고 교부해야 합니다. 물론 전자문서 방식도 가능하죠.

사용자가 위와 같은 근로조건 사항들을 서면에 명시하지 않거나 교부하지 않는 경우, 500만 원 이하의 벌금형 또는 과태료에 처할 수 있습니다. 근로자가 교부해 달라는 말을 안 했다고 변명해도 고용노동청에서 통하지 않아요. 그냥 근로계약서 작성은 필수입니다.

근로계약서 작성은 모든 사업장의 기본입니다. 근로자가 1명인 영세 사업장에서도 지켜야 하는 법입니다. 어떤 근로자는 사업장에서 하루 일한 뒤 사용자가 근로계약서를 작성하자고 하자 날인을 거부하고 고용노동청에 신고하기도 하고, 어떤 사용자는 근로자에게 근로계약서를 교부하지 않고 근로조건을 불이익하게 변경합니다. 노사 모두 스스로 권리와 이익을 위해서 근로계약서 작성 및 교부만큼은 꼭 지키도록 합니다.

TIP

표준 근로계약서 양식이 고용노동부 홈페이지에 잘 게시되어 있으니 활용해 보세요. 기간제 근로자인 경우, 정규직 근로자인 경우, 건설 일용 근로자인 경우, 단시간 근로자인 경우, 연소 근로자인 경우 등 유형별로 근로계약서 예시가 게시되어 있습니다. 따로 자문료를 들이지 않고 공개된 자료만 잘 활용하셔도 근로계약서에 필수적으로 기재할 사항을 빠뜨리는 일은 없을 겁니다.

다만, 취업규칙 또는 단체협약을 정하고 있는 사업장이나, 사업장별 다양한 형태의 근로자가 있는 경우에는 구체적인 근로계약의 변경, 갱신 등은 신중한 검토가 필요합니다.

표준근로계약서 양식 예시

> 표준근로계약서(기간의 정함이 없는 경우)

(이하 "사업주"라 함)과(와) (이하 "근로자"라 함)은 다음과 같이 근로계약을 체결한다.
1. 근로개시일 : 년 월 일부터
2. 근 무 장 소 :
3. 업무의 내용 :
4. 소정근로시간 : 시 분 ~ 시 분 (휴게 : 시 분 ~ 시 분) (1일 시간, 1주 시간)
5. 근무일/휴일 : 매주 일 근무(필요시, 근무요일), 주휴일 매주 요일
   - 공휴일(대체공휴일 포함)은 근로기준법이 정하는 바에 따르며, 근로자의 날은 유급휴일로 함
6. 임 금
   - 월(일, 시간)급 :   원
   - 상여금 : 있음 ( )   원, 없음 ( )
   - 그 밖의 수당(약정수당) : 있음 [ ], 없음 [ ]
     · 　　원,　　원
     · 　　원,　　원
   - 임금지급일 : 매월(매주 또는 매일) 일(휴일의 경우는 전날 지급)
   - 지 급 방 법 : 근로자에게 직접(현금)지급 [ ], 근로자 명의 계좌에 입금 [ ]
7. 연차유급휴가
   - 연차유급휴가는 근로기준법에서 정하는 바에 따라 부여함
8. 사회보험 적용여부
   - 4대 사회보험(고용보험, 산재보험, 국민연금, 건강보험) 적용(가입)을 원칙으로 함
     ※ 참고) 적용(가입) 예외에 해당하는 경우에는 예외 사항 및 사유를 기재(예외 사유 해당 여부는 근로복지공단, 국민연금공단, 국민건강보험공단 누리집 참조)
9. 근로계약서 교부
   - 사업주는 근로계약을 체결함과 동시에 본 계약서를 사본하여 근로자의 교부요구와 관계없이 근로자에게 교부함(근로기준법 제17조 이행)
10. 근로계약, 취업규칙 등의 성실한 이행의무
    - 사업주와 근로자는 각자가 근로계약, 취업규칙, 단체협약을 지키고 성실하게 이행하여야 함
11. 그 밖의 사항
    - 이 계약에 정함이 없는 사항은 근로관계법령에 따름

　　　　　　　　　　　　　년　　　월　　　일

(사업주) 사업체명 :　　　　　(전화 :　　　　)
주 소 :
대 표 자 :　　　　　　　　　　　　　(서명)

(근로자)
주 소 :
연 락 처 :
성 명 :　　　　　　　　　　　　　　(서명)

MEMO

질문 근로기간

최초 1년 기간을 정해 근로하였고, 재고용되어 추가로 1년을 일해도 여전히 기간제 근로자인가요?
▶▶ 원칙적으로 근로한 기간이 2년을 초과하면 정규직 근로자가 됩니다.

답변

각 사업장에 적합한 근로 형태는 시장 자율에 맡기는 것이 합리적입니다. 그러나 노사관계에서 오는 자본력의 우열성으로 인해 근로관계가 왜곡될 수 있어서 이를 조정한 것이 기간제법입니다.

핵심은 2년을 초과하지 않는 범위 내에서 기간제 근로자를 사용할 수 있습니다. 즉 2년까지는 기간제 근로자가 가능하고, 2년을 초과하면 정규직으로 전환되죠. 사용자는 미국과 달리 해고가 자유롭지 않은 우리 법제하에서 기간제 근로계약이 달콤한 유혹이라고 말합니다. 그랬더니 사회에는 소위 쪼개기 계약이 생겨났습니다. 그래서 기간제 근로계약을 반복하여 갱신하는 경우 합산하여 보호합니다.

특별한 경우는 기간제 근로자를 허용해 주어야 할 필요도 있습니다. ① 특정 업무의 완성에 필요한 기간 경우, ② 휴직·파견으로 인한 결원자에 대한 대체기간 경우, ③ 55세 이상인 고령자 경우, ④ 박사학위자, 변호사, 의사 등 전문자격 소지자로 해당 분야에 종사하는 경우 등은 제한 없이 기간을 정한 근로자로 채용될 수 있습니다.

다만, 이러한 기간제법은 원칙적으로 상시 5인 이상의 근로자를 사용하는 사업장에 적용되죠. 만약 상시 4인의 사업장이라면, 2년을 초과해서 일하서도 정규직으로 전환되는 것은 아니에요. 또한 기간제 근로자는 합리적 이유 없이 불리하게 임금, 명절 상여금, 경영 성과금 등 그 밖의 근로조건 및 복리후생에 관한 사항을 정규직 근로자와 비교하면 차별받지 않아야 합니다.

TIP

기간을 정한 근로계약을 체결하면 그 기간 만료 시 신분 관계가 당연히 종료하죠. 다만, 갱신 규정이 없더라도, 근로계약이 이루어지게 된 경위, 갱신 기준, 근로자가 수행하는 업무 등 당사자 사이에 일정한 요건이 충족되면 갱신된다는 신뢰가 형성된다는 **갱신기대권 법리까지 검토**해야 합니다.

질문 갱신기대권

정년에 도달한 근로자를 반드시 기간제 근로자로 다시 고용해야 할까요?

▶▶ 정년에 도달한 근로자가 일정한 요건을 충족하면 재고용해야 한다는 규정이나 관행이 있으면 다시 고용해야 할 수 있어요.

답변

2023년 통계청에서 발표한 평균 기대수명은 83.5세입니다. 법정 정년인 60세가 지난 이후로도 살날이 많은 만큼 근로자는 좋은 직장에서 오래 일하기를 바라죠. 다만, 근로계약, 취업규칙이나 단체협약 등에 정년 관련 규정이 있으면 근로자가 정년에 도달하면 당연퇴직해야 해요. 이러한 근로자를 계속 고용하거나 퇴직 후 재고용할지는 원칙적으로 사용자가 결정합니다.

만약 정년에 도달한 근로자도 근로계약이 갱신될 수 있다는 정당한 기대권이 있으면 사용자가 근로자를 재고용해야 하는 경우가 있습니다. 갱신기대권은 ① 근로계약, 취업규칙, 단체협약 등에서 정년에 도달한 근로자가 **일정한 요건을 충족하면 기간제 근로자로 재고용하여야 한다는 취지의 규정**을 두고 있거나, ② 그러한 규정이 없더라도 재고용을 실시하게 된 경위 및 그 실시기간, 해당 직종 또는 직무 분야에서 정년에 도달한 근로자 중 재고용된 사람의 비율, 재고용이 거절된 근로자가 있는 경우 그 사유 등의 여러 사정을 종합하여 볼 때, **사업장에 그에 준하는 정도의 재고용 관행이 확립되어 있다고 인정되는 등 기간제 근로자로 재고용될 수 있다**

는 **신뢰관계가 형성**되면 인정될 수 있어요.

TIP

사용자는 정년 제도를 운용할 때 근로계약, 취업규칙이나 단체협약 등에 정년에 관해서 명문으로 정해야 합니다. 정년은 근로자의 실제 생년월일을 기준으로 정해야 하죠.

정년이 없던 회사에서 정년을 정하는 것은 취업규칙의 불이익 변경에 해당할 수 있습니다. 사용자는 표준 취업규칙상 '정년은 만 60세에 도달한 날로 한다.' 등의 문구를 활용하여 정년을 정할 수 있고, 근로기준법상 근로자대표의 동의를 받아 취업규칙을 변경해야 합니다.

질문 기간제 근로계약 기간

기간제 근로자를 고용할 때 '회사가 필요한 기간만 근무'하기로 근로계약 기간을 정해도 될까요?

▶▶ 객관적으로 일정 기간 후 종료될 것이 명백한 사업 또는 특정한 업무에 관하여 종료가 예상되는 시점까지로 계약기간을 정할 수 있어요.

답변

기간제법은 원칙적으로 사용자는 2년을 초과하지 아니하는 범위 안에서 기간제 근로자를 사용할 수 있다고 규정하면서, "사업의 완료 또는 특정한 업무의 완성에 필요한 기간을 정한 경우"는 예외를 인정하고 있어요. 이 예외 규정의 의미를 놓고, 대법원은 "사업의 완료 또는 특정한 업무의 완성에 필요한 기간을 정한 경우'란 건설공사, 특정 프로그램 개발 또는 프로젝트 완수를 위한 사업 등과 같이 **객관적으로 일정 기간 후 종료될 것이 명백한 사업 또는 특정한 업무에 관하여 그 사업 또는 업무가 종료될 것으로 예상되는 시점까지로 계약기간을 정한 경우**를 말한다"라고 판단했습니다.

따라서 사용자는 원칙적으로 한시적이거나 일회성 사업 또는 프로젝트의 특성을 갖는 경우에 한정하여 기간제 근로자를 2년 넘게 사용할 수 있습니다. 만약 기간제 근로자가 2개의 프로젝트를 연속해서 수행하는 경우는 어떨까요? 각 프로젝트가 사업이나 업무가 완성될 때까지 필요한 기간을 정하고 당해 업무를 완성하기 위해 전속적으로 고용되어 있는 경우라면 각 프로젝트 수행업무 기간은 "사업의 완료 또는 특정한 업무의 완성에 필요한 기간을 정한 경우"에 해당한다고 볼 수 있어요.

TIP

기간제 근로자의 근로계약에 '사업의 성격상 사업의 완료 또는 특정한 업무의 완성에 필요한 기간'으로 정한 약정이 존재하는지에 대한 입증책임은 사용자에게 있습니다. 따라서 사용자는 근로계약 체결 시 사업의 성격이나 프로젝트 관련 증거자료를 철저히 준비해야 합니다. 또한 근로기간을 사업의 완료 또는 특정한 업무의 완성에 필요한 기간으로 정해야 합니다.

다만, 기간제 근로자가 일반적인 업무도 수행하거나 일반적 업무를 수행하는 기간제 근로계약을 체결한 후 프로젝트 업무에 배치된 경우라면 기간제법의 예외에 해당한다고 볼 수 없어요.

> 질문 업무내용

근로계약서에는 담당 업무를 경비업무로 계약하였는데, 서무 업무까지 하라고 한다고요?
▶▶ 원칙적으로 근로계약에 정하지 않은 업무는 거부할 수 있죠.

> 답변

노사가 근로계약서를 작성하면서 업무 내용을 특정하여 명시하였다면, **근로계약으로 정하지 않은 업무지시는 거부**할 수 있죠. 또한 상황에 따라서는 **근로계약서에 명시된 근로조건 위반을 이유로 손해배상을 청구할 수도 있고, 근로계약을 즉시 해제할 수 있습니다.**

우선 손해배상청구권은 근로계약상 채무불이행으로 인한 손해배상청구권의 의미로 본래 채권과 동일성을 유지하는 것으로 임금채권에 준하여 3년 소멸시효의 적용을 받아요. 이러한 손해배상청구권은 각 지방노동위원회에 신청할 수 있죠.

또한, 이러한 즉시해제 권리는 취업 초기에 근로자가 원하지 않는 근로를 강제당하는 폐단을 방지하여 신속히 구제하려는 것이므로 취업 후 상당 기간이 지나면 해제권을 행사할 수 없게 됩니다. 만약 근로계약이 해제되어서 거주지를 변경한 근로자에게는 귀향여비도 지급해야 합니다.

TIP

실무상 담당하는 업무의 범위를 특정하기가 어렵습니다. 업무를 산술적으로 구분할 수 있는 경우가 아닌 사무직은 더욱 그러합니다. 근로계약서상 기재된 업무의 통상적인 범위 내에서 업무가 인정되므로, 다른 업무를 원치 않는다면 근로조건을 특정하여 기재합시다.

예컨대 근로계약서에는 '미화'라고 기재되어 있는데 업무 범위가 '화장실 청소'에 한정된다고 주장한 경우, 근로자에게 입증책임이 있음을 이유로 근로조건 위반을 인정하지 않는 사례가 있어요. 당사자가 고용 형태를 4대 보험에 가입하지 않고 사업자등록을 하지 않은 상태에서 사업소득세율 3.3%에 상당하는 금액을 원천 징수한 나머지 금액을 보수로 받는 프리랜서 계약을 하였는데, 파견계약을 체결하거나 사업자등록을 할 것을 요구하면 근로조건 위반으로 보아 손해배상을 인정한 사례도 있습니다.

질문 근로시간

주 25시간 근로계약을 했는데, 이번 주에는 주 35시간 근무 했다면 연장근로에 대한 수당을 받을 수 있나요?

▶▶ 단시간 근로자가 법정근로시간인 주 40시간 이내라도 약정한 소정근로시간을 초과해서 일했다면 연장근로수당을 받을 수도 있어요.

답변

1주간 근로시간은 휴게시간을 제외하고 40시간을 초과할 수 없고, 1일 근로시간도 8시간을 초과할 수 없습니다. 이러한 법정근로시간 범위 내에서 노사가 정한 근로시간이 '소정근로시간'입니다. 일반적으로 하루 8시간, 주 40시간 근로하지만, 그것보다 적게는 자유롭게 합의해 정할 수 있죠.

소정근로시간을 정해 놓고, 당사자가 합의하면 1주에 12시간 한도로 근로시간을 연장할 수 있습니다. 이렇게 연장근로시간에 대해서는 당연히 비례적으로 임금을 더 줘야 하고, 특히 상시 근로자 수 5인 이상 사업장은 통상임금의 50% 이상을 가산해 주어야 합니다.

그래서 이번 질문의 쟁점은 법정근로시간 40시간 내니까 가산수당을 지급하지 않아도 되는지, 아니면 소정근로시간을 넘었으니 가산수당을 지급해야 하는지입니다.

법은 소정근로시간을 초과하는 근로에 대해서는 통상임금의 **50% 이상을 가산하기로 했습니다. 다만, 이것도 5인 이상 사업장만 해당합니다.** 만약 질문과 같은 근로자가 일하는 사업장에 모든 근로자가 주 25시간 일하고 있는 사업장이라면, 해당 근로자는 통상근로자이지 단시간 근로자로 보기는 어려워 초과근로 부분에 대해서 가산수당을 받지 못해요. 그러나 오해하지 마세요, 적어도 더 일한 만큼은 시간급을 받을 수 있습니다.

TIP

노동법은 사업장 규모별로 적용되는 규정이 달라서 반드시 상시 근로자 수를 살펴본 뒤 사업장을 점검해야 합니다. 대기업과 소상공인이 처한 여건이 다를 수밖에 없어, 노동법은 사업장 규모를 기준으로 적용 법령을 정하고 있는 특이점이 있습니다. 내용이 아주 복잡하죠? 사업을 키워가는 스타트업 사장님은 전문가와 함께 충분한 검토를 해야 합니다.

질문 휴게시간

독서실 총무가 자리에 앉아서 손님을 맞이하기 위해 대기한 시간도 근로시간인가요?

▶▶ 사장님 지시를 받아서 하는 일을 위한 대기시간은 근로시간입니다.

답변

사용자는 근로시간이 4시간인 경우에는 30분 이상, 8시간인 경우에는 1시간 이상의 휴게시간을 근로시간 도중에 주어야 합니다. 또한 연장근로에 대해서도 동일하게 휴게시간이 부여되므로, 1일 8시간을 초과하여 4시간의 연장근로를 하게 할 때에는 연장근로시간 도중에 30분 이상의 휴게시간을 부여해야 합니다.

작은 사업장일수록 휴게시간인지, 근로시간인지 구별이 애매할 때가 있죠. 근로시간이란 사용자의 지휘·감독을 받으면서 근로계약에 따른 근로를 제공하는 시간이고, 그러한 지휘·감독으로부터 해방되어 자유로이 이용할 수 있는 시간이 휴게시간입니다. **작업시간 도중에 실제로 작업에 종사하지 않은 대기시간이나 수면시간이더라도 실질을 보아 판단하지요.**

해당 사업장의 근로계약서, 취업규칙, 단체협약의 규정, 업무의 내용, 업무 방식, 휴게 장소의 구비 등 근로자의 휴식을 방해하거나 사용자의 지휘·감독을 인정할 만한 사정이 있는지와 그 정도를 종합하여 개별적·구체적으로 판단하고 있죠.

예컨대, 최근 고시원 총무 사례에서 브레이크타임에 관한 언급이나 대체인력도 없었고, 업무의 특성상 이용객이나 민원인이 찾아오는 시간이 미리 정해져 있는 것은 아니므로, 전화가 오거나 민원을 제기하는 경우 대비하여 대기하여야 했고 휴게 중이라도 즉시 처리해야 할 업무가 발생하면 근로를 해야만 했던 것으로 판단한 사례가 있어요.

TIP

소송을 하다 보면, 같은 총무라도 사실관계에 따라 사용자의 요청이나 업무 발생 빈도가 매우 간헐적이어서 근로자가 사용자의 지휘·명령으로부터 완전히 해방되어 그 시간을 자유롭게 이용했다고 판단되는 사례도 있어요. 뉴스에서 비슷한 사건을 보시고 전문가에게 문의하는 의뢰인들이 많죠.

질문 가산수당

약정한 근로시간 이외에 추가로 근로하는 경우 나는 얼마나 더 받을 수 있을까요?

▶▶ 자신의 통상시급을 계산해서 추가 근로한 시간을 계산하여 할증 받을 수 있습니다.

답변

쉽게 예를 들어 설명해 볼게요. 근로자 10명이 일하는 회사에 월 418만 원을 받고 9시~18시 근무(주 40시간 근무)하고 일요일 주휴일이고 휴게시간은 12시~13시 및 18시~19시인데, 일요일 하루 급한 일로 14시~23시까지 일한 홍길동이 있다고 생각해 봅시다.

우선, 홍길동의 통상시급은 월급 418만 원을 월 총근로시간 209시간으로 나눈 시간당 2만 원입니다. ① 일한 만큼 더 받는 것은 당연하죠. 휴게시간을 제외하고 8시간 일했으니, **16만 원**(2만 원×8시간)입니다. 다음으로 5인 이상 사업장이니 가산수당이 생깁니다. ② 휴일에 근로한 부분은 50% 가산되니 **8만 원**(2만 원×8시간×50%)이 발생합니다. ③ 소정근로시간을 초과해서 일한 것이니 휴일근로는 연장근로에 해당하여 50% 가산되니 **8만 원**(2만 원×8시간×50%)이 발생합니다. ④ 22시부터 익일 06시까지는 야간근로에 해당하여 50% 가산되니 **1만 원**(2만 원×1시간×50%)이 발생합니다.

그런데 여기서 위 ③은 틀렸습니다. 대법원이 휴일근로는 연장근로가 아니라고 판단했기 때문이죠. 즉 홍길동은 월급 외에 33만 원이 아니라 25만 원을 더 받게 됩니다. 월급제 근로자가 아니라면 주휴일에 대한 수당도 함께 고민해야 합니다. 만약 위 사례에서 홍길동이 14~24시까지 일했다면, 하루 법정근로시간인 8시간을 초과한 부분 1시간에 대해서는 추가 연장근로수당이 발생해요.

TIP

뉴스에서 반도체 연구직에 대해서도 주 52시간 근무 예외를 적용하자는 반도체특별법 논의를 보셨을 거예요. 주 52시간이라는 것은, 법정근로시간은 주 40시간에 근로자와 합의로 가능한 연장근로시간 주 12시간을 합산한 것입니다. 또한 주 12시간을 초과하여 연장근로가 가능한 업종은 현재 운송업, 보건업 등으로 제한적이고요. 앞으로 선진국으로 갈수록 근로시간에 대해서는 깊은 고민이 필요합니다.

질문 임금체불

사장님이 월급을 안 준다고요? 약속한 것보다 적게 준다고요?
▶▶ 회사 주소지 관할 고용노동청에 신고하세요.

답변

근로자는 정해진 날에 월급을 못 받으면 사용자가 근로기준법 등을 위반하였다고 고용노동청에 신고할 수 있습니다. 법령에 임금을 근로자에게 직접, 매월 정기적으로, 전액을, 돈으로 지급하라고 규정하고 있어요.

임금체불 사건은 근로자 주소지가 아니라 근로자가 근무한 사업장 주소지에 있는 관할 고용노동청에 신고하시면 됩니다. 신고하는 형태는 진정과 고소가 있어요. 진정은 밀린 임금을 받을 수 있게 도와 달라는 것이고, 고소는 사용자를 형사처벌해 달라는 것이죠.

월 급여는 매월 정해진 날짜에 지급해야 하므로 사용자가 지체 시 바로 신고할 수 있습니다. 다만, 1개월을 초과하는 기간의 출근 성적에 따라 지급하는 정근수당 등과 같이 부정기적으로 지급되는 모든 수당은 매월 지급되지 않을 수 있죠. 또한 근로자가 사망 또는 퇴직하였으면 14일 이내에 임금, 퇴직금을 지급해야 하죠. 따라서 퇴직한 경우라면 14일이 지나야 임금체불 신고가 가능해요.

**임금체불이 재직 중이라면 연 5%로 지연이자가 부과되고, 퇴직한 경우라면 14일이 지난 다음 날부터는 연 20%로 지연이자가 부

과될 수 있습니다. 물론 법상 근로자인지 아닌지가 쟁점이 되어서 퇴직금을 지급할 필요가 있는지가 다투어진 경우, 회생절차개시 결정이 있는 경우, 파산선고 결정이 있는 경우에는 퇴직한 경우라도 연 5% 지연이자로 처리되기도 하죠. **고용노동청은 형사처벌 기관이기에 이자에 관해서는 신고할 수 없습니다.**

TIP

고용노동청에 임금체불을 신고한 것으로 여러분의 임금이 완전히 보장되지는 않아요. 고용노동청의 근로감독관은 특별사법경찰관으로 형사절차인 공소시효가 적용됩니다. **임금체불로 형사고소 했어도, 민사적으로 임금 소멸시효인 3년은 계속 진행됩니다.** 그래서 반드시 민사소송도 검토해야 합니다.

질문 연차유급휴가

입사일이 2024. 8. 1.인데, 2025. 7. 31.까지 일하면 연차유급휴가가 몇 개인가요?

▶▶ 1개월 개근 시 익월에 1일의 유급휴가가 주어지니 최대 11일입니다.

답변

연차유급휴가제도는 근로자에게 일정한 기간 동안 근로의무를 면제함으로써 심신의 피로를 회복하여 여가를 누릴 수 있게 하려는 취지입니다. 연차휴가는 사유를 불문하고 근로자가 원하는 시기에 주어야 하고, 예외적으로 사업 운영에 막대한 지장이 있으면 사용자는 시기를 변경할 수 있어요.

사용자는 1년간 80% 이상 출근한 자에게 15일의 유급휴가를 주고, 3년 이상 계속하여 근로한 근로자에게는 매 2년에 대해서 1일을 가산하여 유급휴가를 주어야 합니다. 다만, 1년 미만인 근로자는 1개월 개근 시에 익월에 1개의 유급휴가를 주고요.

예컨대, **입사일이 2024. 8. 1.인 근로자는, 계속 근로했다면 2025. 7. 31.에는 연차유급휴가가 최대 11일입니다. 만약 하루만 더 일해서 2025. 8. 1.까지 근로하였다면, 연차유급휴가가 바로 총 26개가 됩니다.**

연차유급휴가 계산할 때, 업무상 질병으로 휴업한 기간이나, 육아휴직한 기간, 부당해고 당한 기간 등은 모두 출근한 것으로 보아 연차유급휴가를 부여해야 해요. 연차유급휴가권을 취득한 근로자가 휴가권이 발생한 때부터 1년 이내에 연차유급휴가를 사용하지 못하면 연차휴가 미사용수당이 발생하죠. 그 성질이 임금이므로, 3년의 소멸시효가 적용되며 그 기산점은 연차유급휴가권을 취득한 날부터 1년이 경과하여 휴가의 불실시가 확정된 다음 날입니다.

TIP

근로자가 계속 근로한 기간이 1년 미만이면 법정 퇴직금은 발생하지 않고, 1년 이상이면 근로기간 1년에 대해 30일분 이상의 평균임금이 퇴직금으로 발생합니다. 1년을 초과하는 순간 15개의 연차유급휴가가 일괄 발생하죠. 다만, 공무원은 퇴직 시 해당 연도 중 직무에 종사한 기간을 비율로 계산하여 공제하므로 사기업과는 규정이 다릅니다.

질문 부당해고구제

기간을 정해 근로하기로 약정했는데, 불합리한 이유로 해고당해서 억울해요.

▶▶ 해고가 있었던 날부터 3개월 이내에 노동위원회에 구제 신청하세요.

답변

사용자는 상시 근로자 수가 5명 이상인 사업장이라면 정당한 이유 없이 일방적으로 근로자를 해고, 휴직, 정직, 감봉 등을 하지 못해요. 사용자가 경영상 이유에 의하여 근로자를 해고하려는 때에도 해고를 피하기 위한 노력을 하고, 긴박한 경영상의 필요가 있어야 해요. 일정 규모 이상의 인원을 해고하려면 고용노동부 장관에게 신고도 해야 합니다.

해고는 적어도 30일 전에 예고해야 하고, 재직기간이 예고기일이 촉박하다면 30일분 이상의 통상임금을 지급해야 합니다. 다만, 아직 3개월이 안 된 근로자의 경우, 납품업체로부터 금품 등을 제공받고 생산에 차질을 가져온 경우, 영업용 차량을 임의로 타인에게 대리운전하게 하여 교통사고를 일으킨 경우, 사업장의 기물을 고의로 파손하여 생산에 막대한 지장을 가져온 경우 등은 해고예고를 하지 않아도 되죠.

또한 사용자는 근로자를 해고할 때, **'해고사유'와 '해고시기'를 서면으로 통지해야 합니다.** 구두로 해서는 아무리 정당한 해고사유가 있더라도 무효입니다. 심지어 근로자가 자신의 해고사유가 무엇인지 알고 있고 그에 대항할 수 있는 상황이라도, 해고사유를 기재하지 않는 서면통지는 법을 위반하여 무효입니다. 다만, 서면 통지를 담은 매체의 수취를 근로자가 거부하면 받지 않을 정당한 사유가 있음을 증명하지 못하는 이상 그가 내용을 아는 것이 가능한 객관적인 상태에 놓일 수 있었던 때에 통지가 도달했다고 판단하고 있어요.

TIP

억울하게 해고당한 근로자라면, **이미 정년에 이르거나 근로계약 기간 만료, 폐업 등의 사유로 근로계약 관계가 종료하여 근로자 지위에 벗어나도 노동위원회에 구제신청이 가능합니다.** 징계는 회사 내부 규정에 따른 소명기회부여 등 모든 징계 절차를 거쳐야 정당화될 수 있습니다. 아무리 나쁜 짓을 한 근로자가 있다고 해도요. 헤어질 때 챙길 것이 많으니, 조언을 받으세요.

질문 불복방법

서울지방노동위원회 구제명령과 기각결정에 불복하려는데, 어떻게 해야 하죠?

▶▶ 사용자 및 근로자 모두 지방노동위원회의 구제명령, 기각결정에 대해 통지받은 날부터 10일 이내에 중앙노동위원회로 재심신청이 가능해요!

답변

노동위원회는 노동관계에 관한 판정, 조정 업무를 수행하고 있어요. 노동위원회 심판은 공익위원 3명, 사용자위원 1명, 근로자위원 1명으로 총 5명으로 구성됩니다. 노동위원회에 사건이 접수되면, 담당 조사관이 배정되면 조사관을 통해 노사 상호 이유서와 답변서를 제출하여 진술하게 됩니다. 심문회의는 통상 하루 정해서 1시간 전후로 소요되고, 당일 바로 구제 여부 결과를 알 수 있습니다. 다만, 판정서는 통상 한 달 뒤에 송달받을 수 있어요.

정당한 이유 없이 해고 등 불이익처분을 받은 근로자는 3개월 이내에 지방노동위원회에 구제신청이 가능하죠. 지방노동위원회의 결정에 불복하려는 자는 처분을 송달받은 날부터 10일 이내에 중앙노동위원회에 재심을 청구할 수 있고, 그 재심청구에 불복하는 때에는 처분을 송달받은 날부터 15일 이내에 중앙노동위원회 위원장을 피고로 행정소송을 제기할 수 있습니다. 이러한 재심 신청이나 행정소송 제기가 되더라도 이미 한 노동위원회의 구제명령 등의 효력이 정지되지는 않아요.

지방노동위원회의 구제명령이 있다면, 그에 대해 중앙노동위원회 재심신청을 하더라도 연 2회의 범위에서 2년간 이행강제금이 부과될 수 있습니다. 물론 재심결과에 따라 이행강제금은 연 0.031%를 가산하여 반환해 줘요. 노동위원회는 위반행위의 동기, 사용자의 귀책 정도, 구제명령을 이행하지 않은 기간, 사업장 규모 등을 종합하여 이행강제금을 부과하고 있어요.

TIP
지방 및 중앙노동위원회 구제신청 자체는 무료이지만, 법원의 단계인 행정소송부터는 인지·송달료가 발생합니다. 패소자는 상대방의 변호사비용을 부담하게 될 수 있으니 신중히 검토하신 뒤 구제신청을 하셔야 합니다. 최근에는 노동위원회 단계에서 변호사비용 중 일부를 부담하게 하는 사건도 있었어요.

질문 채용절차(1)

면접에서 결혼했는지, 종교는 무엇인지 물어보는데 법을 위반한 것 아닌가요?

▶▶ 합리적 이유 없이 신앙, 혼인을 이유로 차별해서는 안 돼요.

답변

회사는 직원을 구할 때 법을 잘 지켜야 해요. **정당한 사유 없이 채용광고의 내용을 구직자에게 불리하게 변경하면 법을 위반할 수 있어요.** 그리고 채용을 빙자해서 아이디어를 수집하거나 사업장을 홍보하려는 목적의 거짓 채용광고도 문제 되고요. 채용에 관한 부당한 청탁이나, 금전 또는 향응을 수수하는 행위를 할 수 없어요. 또한 구직자의 직무의 수행에 필요하지 아니한 용모, 키, 체중, 출신지역, 혼인 여부, 재산, 부모의 학력이나 직업 등을 수집해서도 안 됩니다. 다만, 경향기업은 일부 인정됩니다.

거짓 채용광고는 형사처벌 대상이고요, 나머지는 과태료 부과 대상이에요. 예컨대, 구인자가 채용광고의 내용 또는 근로조건을 변경한 경우, 1차 위반 시 300만 원, 2차 위반 시 400만 원, 3차 위반 시 500만 원의 과태료를 각각 부과합니다. 위반행위의 횟수에 따른 과태료의 가중된 부과 기준은 최근 3년 내 같은 위반행위인 경우를 말하고, 사소한 부주의로 인한 과실로 인한 것과 같이 위반행위의 정도, 동기, 결과 등을 고려하여 과태료의 50% 범위에서 금액을 줄일 수 있습니다. 다만, 이런 내용들은 상시 30인 이상의 근로자를 사용하는 사업장에 적용돼요. 그래도 사업장 규모와 관계없이 미리 규정을 준수하세요.

구인자는 서류심사 합격한 구직자에 한정하여 심층 자료를 요청할 수 있고, **아동·청소년 관련기관 등에 취업하려거나 사실상 노무를 제공하려는 사람은 경찰관서의 장에게 성범죄 경력조회를 요청할 수 있습니다.** 개인정보보호법도 정보주체의 동의를 얻거나 법률에 특별한 규정이 있어 이러한 법령상 의무를 준수하기 위한 때에는 개인정보를 수집할 수 있어요.

TIP

차별금지는 헌법상 기본권인 평등권에 뿌리를 두고 있어요. 대한민국헌법, 근로기준법, 고용정책기본법, 남녀고용평등법, 장애인고용법, 고령자고용법, 채용절차법 등에 차별금지에 관한 규정들이 많이 있으니 주의합시다.

질문 채용절차(2)

채용공고와 근로계약서상 업무 내용과 연봉이 다르면 채용절차법 위반인가요?

▶▶ 채용절차법은 상시 30명 이상의 근로자를 사용하는 사업 또는 사업장의 적용되며, 정당한 이유가 있으면 근로조건을 변경할 수 있습니다.

답변

채용절차법에서 구인자는 구직자를 채용한 후에 정당한 사유 없이 채용광고에서 제시한 근로조건을 구직자에게 불리하게 변경하여서는 아니 된다고 정합니다. 이는 채용이 결정되면 구인자와 구직자는 자율적 의사에 따라 대등한 지위에서 근로계약을 체결하는 것이 원칙이지만, 보통 구인자보다 구직자의 지위가 열위인 현실을 고려할 때 구인자가 정당한 사유 없이 채용 광고에서 제시한 근로조건을 구직자에게 불리하게 변경하는 것을 금지하여 구직자의 권익을 보호하려는 거예요.

여기서 **'정당한 사유'란 사회통념상 채용광고에서 제시한 근로조건을 변경할 만한 합리적이고 타당한 이유가 있다고 인정되는 경우**를 말합니다. 근로조건을 구직자에게 불리하게 변경하는 경우를 금지한 것이므로, 구직자에게 유리하거나 불리하지 않은 변경은 가능합니다. 만약 구인자가 복수의 내용을 변경하여 구직자에게 이익인 경우와 불리한 경우가 섞여 있는 경우라면, 각 내용의 성격 등을 종합적으로 고려하여 불리한지를 따져야 합니다. 이익인지 불리한지를 객관적으로 평가하기가 어렵고 같은 변경에 따른 구직자 상호 간의 이·불리에 따른 이익이 충돌되는 때에는 그러한 변경이 구직자에게 불리한 것으로 봐야 해요.

TIP
근로자는 근로계약 시 약정한 내용과 달리 사회통념상 과도하게 업무가 추가·변경되는 경우에는 근로조건 위반 등을 이유로 **사업장 소재지 관할 지방노동위원회에 권리구제(손해배상 등)를 신청할 수 있습니다.** 이는 취업 초기에 근로자가 원하지 않는 근로를 강제당하는 폐단을 방지하고 근로자를 신속히 구제하려는 취지입니다. 따라서 위 규정에 따른 손해배상청구 신청은 사용자가 근로계약 체결 시 근로자에 대하여 명시한 근로조건이 취업 후 사실과 달라 근로자에게 손해를 입힌 때에만 인정됩니다.

질문 임시공휴일

임시공휴일이 지정되면 그날은 유급으로 처리될까요?
▶▶ 상시 근로자 수가 5명 이상이면 쉬어도 유급휴일로 처리됩니다.

답변

변호사로 활동하며 자주 받는 질문이에요. 정부가 내수진작으로 휴일 사이에 낀 근로일을 임시공휴일로 지정한 경우가 있어요. 최근에 2024. 10. 1. 및 2025. 1. 27.이 임시공휴일로 지정된 적이 있지요. 근로자는 갑자기 휴일이 늘어나 좋은데, 사장님은 마음이 복잡해지죠.

질문에 대한 답은, 다니고 계신 사업장의 근로자 수를 먼저 확인해야 합니다. **사업장이 상시 5인 이상인 사업장이면 유급휴일이 되고, 사업장이 상시 5인 미만인 사업장이면 다른 약정이 없는 이상 무급휴무 내지 통상적인 근로일이 됩니다.** 쉽게 정리하면요, 사장님 빼고 같이 일하시는 근로자들이 5명이면 임시공휴일에 쉬어도 월급을 받을 수 있고, 5명보다 적으면 임시공휴일에 일해야 월급을 받을 수 있어요.

근로기준법에 따라 상시 5인 이상인 사업장은 2022. 1. 1.부터 관공서 공휴일에 관한 규정을 적용받고 있는데, 정부에서 국무회의를 통해 수시로 지정하는 날인 임시공휴일은 관공서 공휴일에 관한 규정의 공휴일에 해당합니다. 한편, 상시 5인 미만 사업장에 대해서는 위 규정을 적용하지 않아요. 여전히 무노동무임금 원칙이 적용되는 거죠.

TIP

상시 근로자 수가 5인 이상 사업장은 임시공휴일에 쉬고도 유급으로 처리해 줘야 합니다. 심지어 해당 임시공휴일에 꼭 필요한 일이 계획되어서 근로가 예정된 사업장이라면 월 급여 외에 가산수당까지 부담해야 하는 어려움이 생길 수 있어요.

여기에서 우리 사회 공동체의 의미에 대해서 고민하게 됩니다. 정부는 영세 사업장의 사장님이 5인 이상 근로자들에 대한 유급 처리로 인한 경제적 부담을 느끼지 않도록 임시공휴일을 지정하는 국무회의에서 사장님에 대한 혜택도 함께 고민해 주었으면 합니다.

질문 상시5인이상

똑같은 노동법이 사업장에 따라 달라지나요?

▶▶ 사업장 규모에 따라 법에서 정한 사항을 나누어 적용하고 있어서, 상시 근로자 수가 5인 이상인지가 중요합니다.

답변

연차유급휴가가 없는 사업장이 있을까요? 네, 상시 근로자 수가 5인 미만인 사업장에는 연차유급휴가가 없습니다. 물론 노사가 별도로 약정하는 건 얼마든지 가능합니다. 연장·야간·휴일 근로에 대한 가산수당, 부당해고에 대한 구제신청도 상시 5인 이상의 근로자를 사용하는 사업 또는 사업장에 적용됩니다. 영세한 사업장의 상황을 고려해 준 것입니다.

한편, **상시 근로자 수와 관계없이 모든 사업장에 적용해야 하는 것도 있죠. 근로계약서 작성 및 교부, 육아휴직, 출산전후휴가, 퇴직금, 최저임금, 해고예고수당 등이 그렇습니다.** 이제 몰랐다는 변명으로는 처벌을 피하기 어렵습니다.

우리 회사에 상시 근로자 수 계산이 중요해지죠. 근로자들이 근로를 제공하는 장소와 사업의 독립성 여부를 기준으로 봅니다. 본점, 지점과 같이 장소적으로 독립되어 있어도 전체적으로 하나의 사업으로 보아 근로자 수를 산정해요. 다만, 법인 내 사업장별로 근로조건의 결정권이 있고, 서로 다른 단체협약, 취업규칙을 적용받고 있는 등 노무관리, 재정, 회계가 독립적으로 운영되고 있다면 사업장별로 근로자 수를 산정할 수도 있어요.

예컨대, 대표이사가 동일하더라도 각 별도의 법인으로 인사노무 및 회계가 관리되고 있다면, 다른 사업장이므로 상시 근로자 수도 나누어 계산해야 합니다.

TIP
대법원에서도 국제 근로관계에서는 원칙적으로 국내에서 사용하는 근로자 수를 기준으로 근로기준법이 적용되는 상시 5명 이상의 근로자를 사용하는 사업 또는 사업장에 해당하는지 판단하고 있어요. **근로기준법이 적용되지 않는 외국에서 채용되어 일하는 외국인 근로자나, 파견근로자나 하청근로자까지 포함해서 상시 5인 이상 여부를 계산하지는 않아요.**

질문 초단시간근로자

모든 사업장에 퇴직금 지급 의무가 있는데, 주 1회 8시간만 일하는 때에는 퇴직금이 없나요?

▶▶ 초단시간 근로자라면 퇴직금이 없을 수도 있어요.

답변

퇴직금은 상시 근로자 수와 무관하게 모든 사업장에 적용되는 규정이라고 알고 계시나요? 그런데 예외 규정이 하나 더 있어요. 바로 소위 '초단시간 근로자'라고 해요. 일반적인 단시간 근로자와는 차이가 있어요.

초단시간 근로자는 4주간 평균하여 1주 소정근로시간이 15시간 미만인 근로자를 의미합니다. 초단시간 근로자는 소규모 사업장이나 프랜차이즈 사업장에서 파트타임으로 일하는 아르바이트생분들이 많죠. **초단시간 근로자에 대해서는 기간제법상 기간제 근로자로 사용할 수 있는 2년 제한 규정, 연차유급휴가, 주휴수당, 퇴직금 지급 대상에서 제외됩니다.** 국민연금, 건강보험은 원칙적으로 가입 대상은 아니고, 고용보험도 3개월 이상 계속 일할 때 적용돼요. 결국 산재보험만 의무가입 대상이죠.

그런데 근로자가 근로계약은 주 10시간으로 정했지만, 일하다 보니 주 16시간까지 일한 적이 많으면 퇴직금을 받을 수 있을까요? 일단 퇴직금을 받으려면 무조건 계속근로기간이 1년이 넘어야 해요. 고용노동부는 퇴직일을 기준으로 이전 4주 단위씩 역산하여 평균적인 1주 소정근로시간을 계산해서 주 평균 근로시간이 15시간 이상이면 해당 4주를 퇴직금 산정기간에 포함해서 계산해 주고 있어요.

TIP
주휴수당은 어떨까요? 주 40시간 일하는 일반적인 근로자의 경우 주 8시간 치 주휴수당을 받고, 주 25시간 일하는 경우는 주 3시간 치로 비례해서 받아요. 하지만 주 14시간 일하는 때에는 주휴수당이 없습니다. 초단시간 근로자에게 적용되지 않는 규정들은 근로자의 전속성이나 기여도가 낮아서 예외를 정한 것이고, 헌법재판소도 합헌 결정을 한 바 있어요. 근로자의 좋은 일자리와 영세 사용자의 부담 사이에서 적절한 해법을 다 함께 찾아 보시죠.

질문 수습기간

수습 기간 만료 후에 정식 채용을 거절한다면요?
▶▶ 부당해고는 아닌지 신중한 검토가 필요합니다.

답변

일단 몇 가지 용어를 먼저 이해해 보시죠. '시용', '수습', '채용내정'이라는 법적인 개념 차이입니다. 셋 모두 근로계약이 성립한 것은 맞지만, 시용과 채용내정은 정식으로 채용되었다고 보지 않습니다. 수습이 가장 정식 채용에 가깝죠. 그래서 실무상 수습기간에 있는 근로자는 통상의 해고와 동일한 기준이 적용되어서 채용 거절의 정당성을 판단합니다.

수습기간 중에 있는 근로자를 수습기간 만료 시 본계약의 체결을 거부하는 것은 사용자에게 유보된 해약권의 행사로서 당해 근로자의 업무능력, 성실성 등 업무적격성을 판단하려는 수습제도의 취지에 비추어 볼 때 보통의 해고보다는 넓게 인정되나, 여전히 객관적이고 합리적인 이유가 있어야 합니다. 또한 사용자는 본계약의 체결을 거부하기 위해서는 해당 근로자가 그 거부 사유를 파악하여 대처할 수 있도록 구체적인 사유를 서면으로 통지해야 합니다.

수습기간 중에 있는 근로자는 원칙적으로 정식 채용된 근로자입니다. 다만, 1년 이상의 기간을 정하여 근로계약을 체결하고 수습기간 중에 있는 근로자는 수습을 시작한 날부터 3개월 이내의 기간에 대해서는 최저임금액보다 10% 감액된 급여로 약정할 수 있습니다.

사용자가 수습기간을 일방적으로 연장하는 것은 근로조건의 불리한 변경으로 보이므로 특별한 약정이나 근로자 동의가 없다면 무효이겠죠.

계속근로기간이 1년을 지나 퇴직금을 계산할 때는 수습기간도 근속기간에 포함하여 퇴직금을 지급하여야 합니다. 또한 평균임금을 산정할 때 수습기간인 3개월은 제외하여 근로자에게 불리함이 없도록 하고 있어요.

TIP

변호사로 활동하며 '채용내정'인지 여부를 실무상 많이 다뤘습니다. 특히 경력직 근로자는 채용된 것으로 알고, 재직 중인 회사를 정리했는데 새로운 회사로 채용되지 못했다면 황당하겠죠? 인사노무관리는 신중해야 합니다.

질문 직장내괴롭힘

회사에서 동료가 나를 괴롭혀요.
▶▶ 누구든지 사용자에게 신고할 수 있어요. 사용자가 조사를 하지 않거나 조치가 미흡하면 고용노동청에 신고하세요.

답변

사용자 또는 근로자는 직장에서의 지위 또는 관계 등의 우위를 이용하여 업무상 적정범위를 넘어 다른 근로자에게 신체적·정신적 고통을 주거나 근무환경을 악화시키는 행위를 해서는 안 됩니다. **직장 내 괴롭힘에 해당하려면, ① 지위의 활용(직장 내에서 지위나 관계의 우위를 이용), ② 업무 일탈(업무상 적정범위를 넘어설 것), ③ 침해 행위(고통 유발 또는 근무환경 악화)를 하여야 합니다.**

첫째, 지위의 우위는 직접적인 지휘명령 관계에 놓여 있지 않더라도 회사 내 직위나 직급 체계를 이용하는 것을 의미하고, 관계의 우위는 학벌, 성별, 출신지역, 노조 여부 등 직장 내 영향력이 있는 것을 이용한 것입니다.

둘째, 업무의 적정성을 넘어섰는지는 사회 통념상 업무상 필요성이 인정되는지로 구별되어 구체적인 사례를 확인해야 합니다. 상대방의 동의하에 사적 심부름한 것 자체는 문제 되지 않을 것이나, 반복적으로 사적인 심부름을 시킨다면 당연히 사회 통념상 사적 용무 지시로 위법합니다.

셋째, 괴롭힘 행위로 인해 근로자의 신체적, 정신적 고통이 유발되거나 근무환경이 악화되었어야 합니다. 기존의 업무에서 배제되거나 식사 배제 등과 같은 정서적 학대도 괴롭힘이 될 수 있습니다.

직장 내 괴롭힘은 피해자뿐만 아니라 제삼자도 사용자에게 신고할 수 있습니다. 사용자는 직장 내 괴롭힘 발생 사실을 신고한 근로자 및 피해근로자에게 해고 등 불리한 처우를 해서는 안 됩니다. 위반 시에는 3년 이하의 징역 또는 3천만 원 이하의 벌금에 처할 수 있어요. 또한 괴롭힘 가해자가 사용자라면 1천만 원 이하의 과태료를 부과하고 있어요.

TIP
직장 내 괴롭힘에 관한 규정은 상시 5인 미만 사업장에는 적용되지 않죠. 괴롭힘 내용에 따라 강요나 모욕으로 형사고소도 고려해 봅시다.

질문 세후계약

소위 네트제 근로자의 퇴직금은 얼마나 지급하나요?

▶▶ 사용자가 대납한 근로소득세 등을 포함한 세전 임금으로 평균임금을 산정해서 퇴직금을 지급해야 해요.

답변

근로자들은 통상 4대 보험에 가입합니다. 고용보험, 건강보험, 국민연금, 산재보험이죠. 물론 월 60시간 미만 근로자는 산재보험만 가입해도 되고, 일용직 근로자는 고용보험과 산재보험만 가입해도 무방합니다. 이러한 4대 보험 중에는 근로자 부담금과 사용자 부담금이 있죠.

네트(net)제, 즉 세후 급여 계약은 사용자가 매월 실수령액을 기준으로 근로자에게 임금을 지급하고 그 실수령액에 대하여 부과되는 소득세, 지방세, 각종 사회보험료 등 일체를 대납하기로 하는 근로계약이므로, **사용자는 세전으로 환산한 금액으로 근로조건이 되어 평균임금을 계산하게 되므로 이를 기준으로 퇴직금 등을 지급해야 하고, 근로자의 연말정산 환급금은 일반적으로 사용자에게 귀속됩니다.**

예전엔 네트제로 계약하며 근로자가 퇴직금을 청구하지 않기로 약속하기도 하였으나, 퇴직금은 재직 중에 사전 포기하는 것은 무효입니다. 비록 퇴직금을 포기하기로 약속했어도 근로자가 퇴직 후에 퇴직금을 청구하는 것이 신의칙에 반하지 않아요.

TIP

주로 병원, 약국 등에서 소위 네트제 계약을 많이 해 왔습니다. 일반 근로자들보다 급여가 높았지요. 네트제 계약의 경우 평균임금 산정 시 근로소득세 등 각종 제세공과금을 포함한 세전 임금을 기준으로 계산하게 되는 것이므로 사장님은 생각보다 부담이 크다는 사실을 아셔야 합니다. 사용자가 퇴직금 명목의 금원을 실질적으로 지급하였음에도 불구하고 임금 또는 퇴직금의 지급으로 효력이 인정되지 않는다면, 근로자는 퇴직금 명목의 금원을 부당이득으로 사용자에게 반환해야 공평의 견지에서 타당합니다. 퇴직금을 분할해서 선지급한 부분이 있다면 퇴직 후 계산된 퇴직금보다 적은 경우에는, 상계 합의하여 그 차액을 지급하는 것으로 처리하기도 해요.

> **질문** 통상임금

통상임금의 판단기준에서 고정성을 폐기하는 것은 어떤 의미죠?

▶▶ 이제 지급 조건으로 재직자 한정 조항을 두더라도 통상임금입니다.

답변

'임금'이란 사용자가 근로의 대가로 근로자에게 지급하는 모든 금품을 말하고, '평균임금'이란 사유가 발생한 날 이전 3개월 동안 근로자에게 지급한 임금 총액을 해당 기간 일수로 나눈 금액이며, '통상임금'이란 근로자에게 정기적으로 일률적으로 소정근로 또는 총근로에 대하여 지급하기로 정한 금액입니다. 그동안 법원은 통상임금의 요건으로, ① 정기성(정기적 지급), ② 일률성(모든 근로자에게 지급), ③ 고정성(사전 확정성), ④ 소정근로에 대한 대가성을 모두 충족해야 했습니다.

그런데 **최근 전원합의체 판결을 통해 '고정성'을 통상임금의 개념적 징표에서 제외하였습니다.** 따라서 재직조건 및 근무일수 조건부 임금 등의 통상임금성을 부정하고 재직조건부 임금이 조건의 부가로 인하여 소정근로 대가성을 갖추지 못했다고 판단한 종전 판례들이 **변경**되었지요. 과거 복지포인트 등과 관련해서 하급심 판례들이 나뉠 정도로 논란이 많이 있었는데, 통상임금 범위가 확대되었다고 이해하시면 되겠습니다.

예컨대, 월 200만 원인 기본급의 600%를 연 6회로 나눠서 정기상여금으로 격월마다 200만 원씩 지급하는 회사에서 20년 일하고 퇴직한 근로자를 상정해 봅시다. 그렇다면 이러한 총 120회에 걸쳐 계속 수령한 정기상여금은 기본급과 마찬가지로 소정근로 제공에 대한 대가로서 당연히 수령할 것으로 기대하는 임금이죠. 따라서 월 200만 원 기본급에 정기상여금 월 100만 원을 합산한 임금이 소정근로 가치를 반영한 것입니다.

TIP

근무실적과 무관하게 최소한 지급하는 성과급은 소정근로의 대가에 해당하나, 근로자의 근무실적에 따라 지급되는 성과급은 일정한 업무성과나 평가결과를 충족하여야만 지급됩니다. 따라서 고정성 요건이 개념징표에서 제외되더라도 **완전히 근무실적에 따라 차등적으로 지급하는 경영성과급은 일반적인 소정근로 대가성이 없어 여전히 통상임금이 아님을 주의해야** 합니다.

질문 연차촉진제도

연차유급휴가 미사용수당은 얼마일까요?

▶▶ 회사가 연차사용 촉진제도를 시행하지 않는다면 미처 사용하지 못한 연차유급휴가에 대해 통상임금 등으로 계산된 금액을 받을 수 있어요.

답변

연차유급휴가는 1년간 80% 이상 출근한 근로자에게 15일의 유급휴가를 주어야 하고, 그 사용시기도 근로자 자유에 맡겨져 있습니다. 다만, 근로자대표와의 서면 합의에 따라 연차 유급휴가일을 갈음하여 특정한 근로일에 휴무시킬 수도 있어요.

사용자는 근로자가 **사용하지 못한 연차휴가는 사용기간이 끝난 뒤 미사용수당으로 지급합니다. 다만, 사용자가 연차사용을 촉진한 때에는 미사용 휴가에 대해 보상할 의무가 없어요.** 구체적인 촉진방법은, 통상적인 사업장에서는 매년 연차휴가 사용기간이 끝나기 6개월 전인 7월 1일에서 7월 10일 이내에 연차 사용 촉진이 가능해요. 사용자는 근로자별로 사용하지 아니한 휴가를 알려 주고 사용 시기를 통보하도록 서면(전자문서 포함) 촉구해야 하고, 근로자는 10일 이내에 사용시기를 지정하여 사용계획서를 제출하면 됩니다. 만약 근로자가 사용시기를 정하여 통보하지 않으면, 사용자가 10월 31일까지 사용시기를 정하여 근로자에게 서면으로 통보하면 돼요. 최근 계속 근로한 기간이 1년 미만인 근로자 또는 1년간 80% 미만 출근한 근로자에게도 연차 사용 촉진이 가능해졌죠.

TIP

계절 사업과 같이 사업장의 업무상 필요성에 따라 특정 시기에 근로자가 휴가를 쓰지 못하게 합의하는 것도 가능합니다. **근로자대표와 서면으로 합의하면 개별적으로 반대하는 근로자가 있더라도 집단적으로 연차 유급휴가일이 대체됩니다.**

한편, 보상휴가제 개념도 있는데, 근로자대표와 서면으로 합의하면 연장·야간·휴일 근로에 대하여 임금을 지급하는 대신에 휴가로 갈음할 수 있는 제도입니다. **보상휴가제도 반대한 근로자가 있더라도 시행할 수 있으며, 가산임금을 포함하여 보상휴가를 지급하여야 합니다.** 예컨대, 휴일근로를 2시간 동안 했다면 보상휴가는 3시간을 지급해야겠죠.

질문 육아휴직 부여

육아휴직 대상 자녀만 있으면 근로자가 1년 6개월 동안 육아휴직을 사용할 수 있나요?

▶▶ 한 자녀에 대하여 부모가 각각 1년씩 육아휴직을 사용할 수 있으며, 특별한 경우에 1년 6개월까지 가능합니다.

답변

최근 우리나라는 부모가 함께 육아할 수 있는 여건을 마련하기 위해 노력하고 있어요. 이에 따라 육아휴직 관련 법률이 개정되었답니다. 육아휴직은 임신 중인 여성 근로자, 만 8세 이하 또는 초등학교 2학년 이하의 자녀를 가진 근로자가 그 자녀의 양육을 위해 1년 동안 휴직할 수 있습니다. 이때 ① 같은 자녀를 대상으로 부모가 모두 육아휴직을 각각 3개월 이상 사용한 경우의 부 또는 모, ②「한부모가족지원법」제4조 제1호의 부 또는 모 ③ 고용노동부령으로 정하는 장애아동의 부 또는 모의 경우에는 6개월 이내에서 추가로 육아휴직을 사용할 수 있습니다.

사업주는 남녀 구분 없이 육아휴직 대상 자녀가 있는 근로자에게 육아휴직을 부여하여야 하며, 계속 근로한 기간이 6개월 미만인 근로자가 신청하면 거부할 수 있습니다. 어떤 회사는 취업규칙이나 단체협약으로 육아휴직을 3년 동안 부여하는데, 법적으로는 사업주가 근로자에게 1년(1년 6개월) 이상의 기간을 부여하는 경우 1년(1년 6개월)만 육아휴직으로 인정하고, 초과하는 기간은 사업주가 근로자에게 임의로 부여한 휴직으로 봐요.

자녀가 육아휴직 대상이 되는지는 '육아휴직 개시일'을 기준으로 판단해야 해요. 만 8세 이하는 만 9세가 되는 날(생일)의 전날까지를 의미하며, 초등학교 2학년 이하는 초등학교 3학년이 되는 날(해당 학년 3월 1일)의 전날까지를 의미합니다.

TIP

기간제 및 파견 근로자의 육아휴직 기간은 기간제법상 사용기간 또는 파견법상의 근로자 파견기간에 포함되지 않습니다. 이는 사업주가 근로자의 육아휴직 기간만큼 계약기간 또는 파견기간을 연장하더라도 무기계약 근로자로 전환되거나 직접 고용해야 하는 부담을 지지 않도록 하여, 비정규직 근로자의 육아휴직이 보장될 수 있도록 한 것입니다.

질문 육아지원제도

육아지원제도가 많이 바뀌었다는데, 어떤 내용인가요?
▶▶ 6개월 이상 근로한 분은 1년 이상 육아휴직 가능해요

답변

회사에서 계속 근로한 기간이 6개월 미만이 근로자를 제외하고는 상시 5인 여부와 무관하게 모든 사업장에서 육아휴직을 허용해야 합니다. 만 8세 이하 또는 초등학교 2학년 이하 자녀에 대해서 부모 모두 1년의 육아휴직이 가능하고, 같은 자녀 대상으로 부모가 모두 육아휴직을 각각 3개월 이상 사용한 때에는 6개월을 추가로 사용할 수 있어요.

육아휴직 기간은 근속기간에 포함되고, 평균임금을 계산 시에는 제외되니 퇴직금 산정에서 불리함은 없어요. 저출산 국가에서 육아휴직은 모든 국민이 함께 부담하는 공동체 분담으로 생각하고 영세 사업주의 노력이 필요합니다. 다만, 육아휴직 기간은 기간제법상 정규직 전환 의무가 발생하는 2년의 사용기간에 포함되지는 않고, 출산전후휴가 기간은 포함돼요.

사용자는 임신 중인 여성에게 90일(미숙아는 100일, 쌍둥이는 120일)의 출산전후휴가도 주어야 해요. 휴가 기간의 배정은 출산 후에 45일(쌍둥이는 60일) 이상이 되어야 합니다. 육아기 근로시간 단축제도가 별도 있어요.

배우자 출산휴가도 확대되었지요. 20일의 유급휴가를 주어야 하고, 3회에 나누어 사용할 수도 있습니다. 출산일부터 120일 지나면 사용할 수 없으니 필요할 때 눈치 보지 말고 사용하세요.

TIP

2020. 1. 1. 입사하고 월 400만 원 받는 근로자가 2025. 1. 1.부터 2025. 12. 31.까지 육아휴직을 사용하고 육아휴직 종료와 동시에 사직하여 2026. 1. 1.이 퇴직일인 경우의 퇴직금 계산을 해 볼게요.

① 우선 1일 평균임금 계산은 2025년 10월~12월 육아휴직급여가 아니라 정상적인 월 400만 원으로 계산해요. 1일 평균임금은 130,434원 (400만 원×3개월÷92일)이에요. ② 재직일수는 육아휴직 기간을 포함하여 총 2,192일이 되죠. 따라서, 퇴직금은 세전 23,499,561원 (130,434원(1일 평균임금)×30(일)×2,192일÷365일)입니다.

질문 무노동무임금

근로자가 무단으로 결근하면 불이익은 뭐죠?
▶▶ 주휴일, 퇴직금, 연차휴가 등에서 불리할 수 있어요!

답변

첫째, 주휴수당이 없어져요. 통상 평일이 근무일이고, 토요일이 무급휴무일, 일요일이 주휴일이죠. 주 40시간 근로를 하였는데, 뉴스에서 월 209시간으로 계산하는 설명을 보셨나요? 그건 주휴일 유급을 포함해서 그런 겁니다. 유급휴일인 주휴일은 1주 동안 소정근로일을 개근한 자에게 주는 거예요. 소정근로일 중 하루를 무단으로 결근했다면, 결근한 당일과 주휴일 수당까지 해서 2일 치 임금이 공제됩니다.

둘째, 퇴직금 계산을 위한 1일 평균임금 계산에 무단 결근일이 있다면 퇴직금이 적어질 수도 있어요. 물론, 평균임금 계산 결과가 통상임금보다 적어지는 경우는 법률이 제한하고 있으니 너무 걱정 안 하셔도 됩니다.

셋째, 연차유급휴가 계산에서 불리해져요. 1년 미만 근로자는 개근 시 익월에 1일의 연차유급휴가를 지급하는데, 무단결근이 있으면 익월에 연차유급휴가가 없어지죠. 1년을 초과한 근로자는 15일의 연차유급휴가가 부여되는데, 1년간 80% 미만 출근한 근로자에게는 1개월 개근 시 1일을 유급휴가를 주어도 됩니다.

넷째, 징계 대상이 될 수 있어요. 무단결근자는 근로자로서 근로 제공의무를 위반한 것입니다. 법원에서 1주일간 무단결근으로 주의를 받고도 시정하지 않은 경우나 월 7일의 무단결근한 근로자에 대해서 해고의 정당성을 인정한 사례도 있어요.

TIP

이 부분은 사용자들이 힘들어하는 경우가 많았습니다. 심지어 출근 시간 1분 전에 전화로 출근하지 못하니 연차를 사용하겠다고 통보하는 때에도 법 위반은 아니니까요. 법원은 단체협약의 해고 사유 중에 연속 3일 무단결근이나 5일 이상 무단결근이 적법하다고 본 사례가 있어요

다만, 사용자는 근로자가 무단결근했다고 바로 해고하는 경우는 위법할 소지가 있어 출근을 독려하는 과정이 필요합니다.

질문 취업규칙

취업규칙은 사용자가 마음대로 변경할 수 있나요?

▶▶ 취업규칙을 근로자에게 불리하게 변경하려면 동의 절차가 필요해요!

답변

상시 10명 이상의 근로자를 사용하는 사용자는 취업규칙을 작성하여 관할 고용노동청에 신고해야 합니다. 취업규칙 신고는 감독을 위한 단속규정이므로 사용자가 신고 의무를 지키지 않았더라도 취업규칙의 효력은 있습니다. 취업규칙에는 업무 관련 내용, 임금 관련 내용, 가족수당 관련 내용, 퇴직 관련 내용, 식비나 교육시설 관련 내용, 일·가정 양립 지원에 관한 내용, 사업장 환경 개선 관련 내용, 직장 내 괴롭힘 관련 내용, 안전 보건 관련 내용, 제재 관련 내용 등을 규정해야만 합니다. 이러한 취업규칙의 필요적 기재사항이 누락된 때에는 시정기간을 부여하고, 위반 시 500만 원 이하의 과태료 부과대상이 될 수 있어요.

취업규칙을 근로자에게 불리하게 변경하는 때에는 근로자 과반수로 조직된 노동조합이나 과반수 이상 근로자의 동의를 받아야 합니다. 이러한 동의는 회의방식에 의한 근로자 과반수의 집단적 동의를 의미합니다. 사용자의 간섭이 배제된 상태에서 변경내용에 대해 충분히 상의하는 과정이 있어야겠죠. 이렇게 취업규칙 불이익 변경에 적법한 동의가 있었다면, 개별적으로 동의하지 않은 근로자에게도 적용됩니다.

또한 **취업규칙은 단체협약에 어긋나서는 안 되고, 취업규칙에서 정한 기준에 미달하는 근로조건을 정한 근로계약은 그 부분에 한해 무효가 되고 유리한 기준이 적용됩니다.** 즉, 단체협약, 취업규칙, 근로계약서 순으로 적용되지만, 근로자에게 유리한 기준을 적용해 주므로 개별적으로 판단해 봐야 합니다.

TIP
회사가 단체협약에 정한 징계 등 사유와 다른 새로운 징계사유를 취업규칙에 정할 수 있을지 의문이 있을 수 있는데, 단체협약상 징계 관련 규정에 '단체협약에 의하지 아니하고는 징계할 수 없다'라고 한정하는 규정이 있다면 취업규칙에 새로운 징계사유를 정할 수는 없어요.

질문 근로시간

기간제 근로자로 계속 근로할 수도 있나요?

▶▶ 원칙적으로 2년 이상 기간제 근로자로 사용하면 기한의 정함이 없는 정규직 근로자가 됩니다.

답변

근로계약서라는 처분문서로 근로계약 기간을 정하여 근로한 때에는 그 기간이 만료되면 근로관계는 당연히 종료되는 것이 원칙입니다. 기간제법 입법 취지도 사용자에게 경기 변동에 따라 고용량을 조절할 수 있는 노동시장의 유연성 제고라는 목표를 조화롭게 추구하는 것입니다. 여기에 기간제법은 시장의 자율과 고용 안정 사이를 조절하는 규정이죠.

쉽게 자신의 업무가 기간제 근로자로 계속 사용하는 경우가 아니라면 2년을 초과하면 정규직 근로자가 된다고 생각하시면 됩니다. 다만, 55세 이상의 고령자 경우나 변호사 등 전문 지식인 등은 2년 이상 근로하였다고 해서 모두 정규직으로 전환되지는 않습니다. 게다가 여기에 더해 대법원은 갱신기대권 법리까지 적용하여 노사 사이에 합리적인 규율을 판단하고 있습니다.

구체적으로 정규직으로 전환되지 않는 예로는, ① 1주 소정근로시간이 15시간 미만인 경우가 있습니다. ② 한국표준직업분류의 대분류 1과 대분류 2 직업에 종사하는 자의 최근 2년간의 연평균 소득이 대분류 2 직업(전문가 및 관련 종사자)에 종사하는 근로자의 상위 25%에 속하는 경우에도 정규직으로 전환되지 않아요. 2024년도 기준 금액은 73,123,000원입니다. ③ 고등 교육기관인 대학교 강사나 조교도 있습니다.

TIP
기간제 근로자도 근로계약서를 당연히 작성하고 교부받을 수 있는데, 서면에 명시할 사항으로는 근로계약기간, 근로시간, 휴게시간, 임금 구성 항목, 계산방법, 휴일, 휴가, 취업장소, 종사업무가 있습니다. 만약 단시간 근로자라면 근로일과 근로일별 근로시간도 기재해야 합니다. 이러한 서면 명시 의무를 위반한 때에는 500만 원 이하의 과태료를 부과하는데, 최근 2년간 서면 명시 사항 1개당 1차 위반 시에는 30~50만 원, 2차 위반 시에는 60~100만 원, 3차 위반 시에는 120~200만 원 과태료를 부과하고 있습니다.

질문 실업급여

실업급여를 부정수급하면 어떤 불이익이 있죠?
▶▶ 부정수급한 금액을 반환하고, 추가징수금이나 형사처벌도 당해요.

답변

실업급여 부정수급은 고용보험법에 따라 행정처분과 형사처벌을 받게 되는 법 위반행위입니다. 고용보험 기금이라는 공적 자금에 대한 도덕적 해이가 불러온 범죄입니다. 법원도 기금 고갈에 따라 엄하게 처벌하려는 추세예요.

실업급여는 크게 구직급여와 취업촉진 수당(조기 재취업 수당, 직업능력개발 수당, 광역 구직활동비, 이주비)으로 구별됩니다. 구직급여는 피보험단위기간이 180일 이상인 경우에 근로 의사와 능력이 있음에도 불구하고 취업하지 못한 상태에 있는 등 요건을 갖춘 때에 최대 하루 11만 원까지 상한액 범위 내에서 일정 기간 지급하고 있습니다. 수급기간은 피보험단위 기간에 따라 120일에서 최대 270일까지 구직급여를 받을 수 있습니다.

통상 부정수급의 경우, ① 부정수급한 실업급여 반환, ② 최대 5배까지 추가 징수, ③ 실업급여 수급제한, ④ 형사처벌 대상이 됩니다. 실업급여를 받은 자와 공모한 사업주는 모두 형사 처벌받습니다. 다만, 자진신고하는 때에는 추가징수금, 형사처벌을 면제받을 수도 있으나, 사업주 공모형의 경우에는 근로자와 사용자 모두

검찰 송치되어 형사처벌되고 있습니다.

또한 이러한 실업급여, 육아휴직 급여 등의 부정행위를 신고한 자에게 포상금을 지급할 수도 있어요. 다만, 부정행위를 한 자가 신고한 경우나 부정행위를 확인이 어려운 경우에는 포상금 지급이 제한되기도 해요.

TIP

실업급여는 국가 재원으로 지급하기에 수급자격자와 사업주는 부정수급의 유혹에 빠지기 쉽습니다. 그러나 부정수급은 요구하지도 말고, 해 주지도 말아야 합니다. 부정한 방법으로 구직급여를 받은 사람이 사업주와 공모한 때에는 사업주도 연대하여 반환명령, 추가징수 책임을 집니다.

또한 5년 이하의 징역 또는 5천만 원 이하의 벌금에 처하게 됩니다. 부정수급자와 사업주가 함께 민사·형사 법적 책임을 지게 되는 것이니 절대로 부정수급 해서는 안 됩니다.

질문 퇴직금

퇴직했는데 바로 퇴직금을 주지 않아요?

▶▶ 사용자는 근로자의 퇴직일부터 14일 이내에 퇴직금을 지급하면 돼요.

답변

근로자가 퇴직한 때 계속근로기간 1년에 대하여 30일분 이상의 평균임금을 퇴직금을 지급해야 해요. 한 달은 28일부터 31일까지 있어서 계산이 달라져요. 다만, 초단시간 근로자(4주간 평균하여 1주 소정근로시간이 15시간 미만인 자)에 대해서는 퇴직금 지급 의무가 없습니다.

근로자가 퇴직하면 퇴직일부터 14일 이내에 퇴직금을 지급해야 하죠. 근로자가 동의하면 지급기일을 연장할 수는 있어요. 퇴직금을 받을 수 있는 권리도 임금과 마찬가지로 3년의 소멸시효의 적용을 받습니다.

원칙적으로는 개인형퇴직연금제도 등으로 퇴직금을 지급해야 하지만, 근로자가 55세 이후에 퇴직한 경우나 근로자가 사망한 경우나 퇴직금이 소액이면 예전처럼 일시금으로 직접 지급해도 됩니다.

퇴직금에 대한 소멸시효는 3년이지만, 형사고소가 가능한 시간인 공소시효는 5년입니다. 퇴직금 등 금품청산 위반의 경우 3년 이하의 징역 또는 3천만 원 이하의 벌금에 처합니다. 다만, 반의사불벌죄이므로 근로자와 합의하면 형사처벌을 면할 수 있습니다.

퇴직금을 체불하면 지연이자 연 20%가 가산됩니다. 요즘 은행 이자 금리를 고려하면 엄청 높죠. 민사 법정이자는 연 5%, 상사 법정이자는 연 6%, 소송촉진법상 법정이율은 연 12%인 걸 감안하면 대단히 높습니다. 다만, 지급이 지연되는 임금, 퇴직금의 전부 또는 일부의 존부가 법원이나 노동위원회에서 다투는 것이 적절하다고 인정되는 때에는 연 20% 지연이자가 적용되지는 않아요. 또한 임금과 퇴직금의 경우만이지, 연말정산환급금이나 경영 성과급 같은 경우에는 지연이자 연 20%는 해당하지 않아요.

TIP
퇴직금 청구권은 마지막 근무일의 다음 날(퇴직일)이 소멸시효의 기산일입니다. 만약 사용자가 퇴직금을 지급하지 않으면, 마지막 근무일의 다음 날부터 14일이 지나야 지연이자가 적용되고 형사처벌 대상이 됩니다.

질문 경력증명서

경력증명서를 발급받으려는데 사용자가 과거에 지각했던 사항을 기재해 놓았는데 어떡하죠?
▶▶ 필요한 사항만 기재한 증명서를 요구할 수 있어요.

답변

요즘은 평생직장의 개념이 사라지고 있습니다. 신규 채용이 줄고 경력직을 선호하는 분위기라서 증명서를 잘 챙겨 두셔야 합니다. 또한 어떤 사용자는 채용공고에 증명서를 제출하지 못하면 경력 호봉산입을 해 주지 않겠다고 명시합니다. 은행 대출을 받으실 때도 재직증명서를 발급받으셔야죠.

사용자는 근로자가 퇴직한 후라도 사용기간, 업무 종류, 지위와 임금, 그 밖의 필요한 사항에 관한 증명서를 청구하면 사실대로 기재한 증명서를 즉시 발급해 주어야 합니다.

위 사용증명서를 요구할 수 있는 자는 계속하여 30일 이상 근무한 근로자이며, 퇴직 후 3년이 지나면 청구할 수 없어요.

주의할 것은, 위 사항 중에 기재할 사항을 근로자가 가감할 수 있다는 것입니다. 이 경력증명서 발급은 근로자가 퇴직한 후 취업하고자 할 때 도움이 되고자 하는 취지라서 그렇습니다. 근로자가 경력증명서에 재직 중 징계를 받은 사실 등 근로자에게 불리한 사항을 제외한 증명서를 발급해 달라고 요구할 수 있어요.

실무상 사용자가 특정 양식이 있다면서 경력증명서에 기재 사항을 고집하는 때가 있는데, 이는 위법이며 500만 원 이하의 과태료 부과 대상입니다.

TIP

경력증명서는 회사에 직접 요청하여 발급받는 게 가장 좋습니다. 기본적으로는 근무 기간과 직급, 담당 업무에 관한 내용과 함께 회사 직인, 발급 담당자 연락처 등이 포함되는 것이 좋습니다.

사업장이 폐업했다면 국민연금공단 홈페이지에서 '가입자 증명서'를 발급받거나, 국민건강보험 홈페이지에서 '자격득실 확인서'를 발급받아 대체 사용할 수 있습니다. 만약 공공기관에서 근무하였던 공무원이라면 정부24를 통해서 발급도 가능합니다.

질문 공익고발

공익신고를 위해 타인의 개인정보를 제출할 수 있을까요?

▶▶ 아무리 공익신고라도 때에 따라서는 형사처벌 대상이 될 수 있어 신중해야 해요.

답변

만약에 철수가 같은 회사에 다니는 영희가 근무수당을 부정수급했다면서 영희의 주민등록번호, 주소, 휴대전화 번호를 기재한 고발장을 경찰서에 제출했다면 어떨까요? 철수가 회사에서 설 명절 배송 목적으로 발송한 공문을 통해 알게 된 영희의 개인정보를 그대로 사용하여 고발했던 사례입니다.

개인정보보호법은 개인정보처리자로부터 개인정보를 제공받은 자는 정보 주체로부터 동의받은 경우를 제외하고는 제공 목적 외의 용도로 사용해서는 안 된다고 하고 있어요. 위 사례에서 철수는 영희의 동의 없이 영희의 개인정보를 사용하였기 때문에 개인정보보호법 위반 재판을 받게 된 경우지요.

철수는 변호사의 도움을 받아 공익목적 신고를 위해 영희의 개인정보를 기재한 것이라고 항변했습니다. 범죄 의사도 없고, 위법성 조각사유인 정당행위에 해당한다는 취지이죠.

여러분은 어떤 쪽이 타당하다고 생각하시나요? 유사한 사례에서는 법원은 회사가 고소나 소송 제기에 사용할 수 있음을 전제로 공문을 발송한 것도 아니고, 영희의 개인정보 이용 동의를 받은 것도 아니며, 공익 목적 고발이라도 개인정보보호법 예외에 해당하지 않는다고 판단했어요. 고발장에 영희의 주민등록번호, 주소를 꼭 기재해야 하는 것이 아니고 이름만으로 특정이 가능한 점도 고려되어 유죄로 철수를 처벌했습니다.

TIP

개별 사건마다 구체적인 사항은 달라요. 하급심 판례들은 판사마다 견해가 다를 수도 있고요. 또한 뉴스에서 본 사례의 사실관계가 부정확할 수도 있어요. 법률 전문가와 새로운 변론이 있게 되면 형사 무죄가 될 여지도 있으니, 뉴스는 참고만 하세요. 실무상 개인정보보호법이 엄격하게 운영되고 있어요.

질문 의원면직

해고인지 근로자가 스스로 그만둔 것인지 구별하는 방법이 궁금해요?

▶▶ 퇴직금 수령이나 작별 인사 등 여러 가지 사정을 참고하고 있습니다.

답변

회사에서 사장이 당장 그만두라고 한 말은 진짜 그만 나오라고 한 것이 아니라, 제대로 일을 잘해 달라는 취지라고 하기도 합니다. 그러나 근로자는 사장이 직접 그만두라고 했으니, 외관으로 표출된 해고라고 받아들입니다.

원칙적으로 의원면직과 같이 스스로 사직한 경우로 볼 수 있는 요소는, ① 사직서를 작성하여 제출함, ② 사용자의 사직처리에 이의를 제기하지 않음, ③ 근로자가 출근하지 않음, ④ 후임자를 채용하지 않음, ⑤ 근로자가 자진하여 물품정리 및 반납, ⑥ 작별인사 및 송별회식 참석, ⑦ 퇴직금 수령, ⑧ 근로자 실업급여 수령을 위해 이직사유를 권고사직으로 요청하고 실업급여 수령 등의 요소가 있습니다.

한편, 근로자가 사용자의 사직 처리에 이의를 제기하거나 근로자가 출근을 시도한 경우나 퇴직금 등의 수령을 거부하는 경우라면 자발적인 사직으로 보기 어렵습니다.

해고는 서면으로 해야 하는 강행규정이 있으나, 사직의 의사표시는 구두로도 가능합니다. 근로자가 사직서를 제출했다고 하더라도, 단순히 회사의 경영방침에 따라 사직서를 제출하고 퇴직 처리를 한 뒤 즉시 재입사 형식을 취한 경우에는 사직한 것으로 볼 수 없어요. 사직의사가 없는 근로자로 하여금 어쩔 수 없이 사직서를 제출하게 한 경우로 보아, 실질적으로 부당해고로 판단하고 있어요.

TIP
법원은 법률상 비진의표시를 거의 인정하지 않아요. 근로자가 사직서를 제출해 놓고 사용자가 억지로 강요했다고 주장하는 경우는 그 사실을 입증하기가 어렵습니다. 회사가 강압하거나 부당한 압력을 가해서 근로자가 사직서를 제출했다는 점을 입증하지 못하면, 의원면직이지 해고라고 볼 수 없어요.

질문 징계(1)

3년 전의 일로도 근로자를 징계할 수 있나요?
▶▶ 회사 내부에 징계 시효를 먼저 확인하세요.

답변

국가공무원의 경우 징계사유에 따라 3년에서 10년의 징계 시효를 규정하고 있습니다. 일반 사기업의 경우에는 취업규칙 등에서 개별적으로 징계 시효를 두고 있기도 합니다.

회사가 징계 시효가 이미 지났는데 징계했다면 효력이 없어요. 다만, 징계 시효가 지난 비위행위라도 징계 시효가 지나지 않은 새로운 징계사유에 대한 징계양정을 고려할 때 과거의 비위행위까지 징계 수준을 정하는 판단자료로 삼을 수 있습니다.

징계 시효의 기산점은 징계사유가 발생한 그 시점이나, 취업규칙 등에서 회사가 징계사유 발생 사실을 인지하여 알게 된 시점부터 기산한다고 별도의 규정을 두었다면 그에 따라야 합니다. 또한 포괄일죄처럼 연속된 비위행위의 경우에는 일련의 행위 중 마지막 행위를 기준으로 징계 시효가 기산한다고 보아야 합니다. 예컨대, 비위행위 자체에 대한 징계 시효가 만료된 때 비위행위에 대하여 나중에 수사나 언론보도 등이 있더라도 이에 따라 새로운 징계사유가 생긴 것으로 보거나 언론보도 등의 시점을 새로운 징계 시효 기산점으로 볼 수는 없어요.

TIP

회삿돈을 횡령하였다는 혐의를 받는 근로자가 있는 경우, 즉시 대기발령을 통해 회사 자금에 손을 대거나 추가적인 비위행위가 없도록 해야 하죠. 그 후에 조사를 거쳐서 정직 2개월의 처분을 하는 것이 가능할까요? 대기발령 후에 다시 정직 처분은 원칙적으로 가능합니다. 보통 대기발령은 인사 발령으로 하므로 원칙적으로 징계는 아니에요. 그래서 이중 처벌 금지의 원칙에 반하지 않는 것이죠. 다만, 무급 대기발령이라면 이중 징계에 해당할 수 있어요.

참고로 회사 경영상 대기발령을 하였다면, 휴직에 해당하므로 법상 휴업수당인 평균임금의 70% 이상을 지급해야 합니다.

질문 징계(2)

근로자가 연락도 안 되고 일주일간 무단결근하고 있다면 회사는 어떻게 해야 하나요?

▶▶ 회사 내부에 단체협약과 취업규칙 규정을 확인하여 처리하셔야 합니다.

답변

취업규칙이 마련된 사업장이라면 취업규칙 규정에 당연퇴직 사유 또는 징계사유들을 정리해 놨을 거예요. 당연퇴직 사유란 근로자와 회사의 의사표시 없이 사망, 정년도달, 계약기간 만료와 같이 특정한 사유가 발생하면 근로관계를 자동 종료하는 것이죠. 여기에 무단결근 7일을 당연퇴직 사유로 규정하였다면, 당연퇴직의 합리성이 인정될 수 있어요. 또한 당연퇴직에 대해 별도의 절차를 마련하고 있지 않다면, 소명기회, 인사위원회 개최 등 절차를 거칠 필요도 없습니다.

그런데 이러한 무단결근이 취업규칙상 당연퇴직 사유와 징계해고 사유에 모두 규정되어 있다면, 각각에서 정하고 있는 절차를 거쳐야 합니다. 예컨대, 당연퇴직 사유에는 소명 기회를 주지 않고, 징계해고 사유에는 소명 기회를 주는 사업장이라면, 소명 기회를 주어야 퇴직(해고)이 정당화됩니다.

인사 규정에 명시된 징계 규정에서 정한 절차를 위반하면, 징계 사유가 인정되더라도 해당 징계는 절차 정의에 반하여 무효입니

다. 다만, 근로자가 징계위원회에 출석하여 이전 절차에 대한 이의 제기 없이 충분히 소명하였다면, 징계 절차 진행 중에 발생한 하자의 치유 가능성도 있어요.

TIP

최근 판결에서는 직원들이 징계의결 요구권자의 내부 결재 오류, 출석통지공문 송달 여부 문제, 징계사유의 병합심리 등 절차 위반을 이유로 근로자에 대한 징계가 무효로 된 사례들이 많습니다.

이러한 징계 과정에서 단체협약에 노동조합 대표자가 징계위원회에 참가할 것을 정했다면, 지켜야 합니다. 회의 장소와 시간도 징계 대상인 근로자가 충분히 소명할 수 있도록 일정 등을 배려하여야 합니다. 근로자는 중대한 비위행위가 있어도 충분한 방어권을 보장받으면서 관련 절차 준수를 요구할 수 있어요. 인사담당자는 철저히 확인해야 합니다.

질문 징계(3)

징계로 감봉을 받으면 임금이 얼마나 깎일까요? 회사 내 게시판에 징계 사항을 게시할 수 있을까요?

▶▶ 근로자가 받는 임금의 총 10% 내에서 감봉할 수 있고, 징계 사항은 사내 교육 시에도 주의해서 게시해야 합니다.

답변

근로자가 월 300만 원을 받고 1일 평균임금이 10만 원인데 징계로 감봉을 받은 경우를 예시로 들어 볼게요. 법에서는 감액은 1회의 금액이 평균임금의 1일분의 2분의 1을, 총액이 1 임금지급기의 임금 총액의 10분의 1을 초과하지 못한다고 규정하고 있습니다. 즉, 감봉은 회당 5만 원 이하에 해당하고, 6개월에 걸쳐서 총 30만 원 이하의 감봉만 가능합니다. 한편, 무단결근이라면 무노동 무임금 원칙에 따라 감급 한도를 초과하여 공제할 수 있어요.

진실이든 허위이든 공연히 타인의 명예를 훼손하면 명예훼손죄에 해당합니다. 만약 비방할 목적으로 정보통신망을 이용했다면, 정보통신망법 위반으로 가중처벌 되지요. 예외적으로 명예훼손에 해당하는 내용이라도 진실하고, 공공의 이익에 관한 것이라면 위법성이 조각되어 처벌되지 않습니다.

구체적으로, 회사에서 인사노무 담당자가 피해자에 대한 징계절차 회부 사실을 기재한 문서를 근무현장 방재실, 관리사무실 등의 게시판에 게재한 사례에서 아직 징계절차에 회부되었을 뿐인 단계에서 이를 공개하는 것이 사회적으로 상당한 행위라고 보기 어렵고, 징계의결 전에 피해자가 입게 되는 피해 정도가 가볍지 않다고 보아 공공의 이익이 없다고 보아 명예훼손행위라고 판단한 사례가 있습니다. 반면, 횡령을 이유로 징계해고당한 근로자의 징계 사유를 사내 게시판에 공표한 사안에서는 공공의 이익을 위한 것으로 위법성이 조각된다고 보아 명예훼손에 해당하지 않는다고 보았습니다.

TIP
회사는 사내 비위 행위를 널리 알려 재발을 방지하면 좋지만, 명예훼손에 해당하지 않게 주의해야 해요. 징계 사실 중 주요 내용 중심으로 게시하고, 실명은 비공개하는 것이 좋겠어요. 또한 회사 내부망에 한하고 외부인이 접속이 제한되는 게시판에 공표하며, 주관적인 범행동기보다는 객관적인 처분결과를 게시하는 것이 좋겠습니다.

질문 징계(4)

회사가 저를 같은 내용으로 다시 징계한다는데, 가능할까요?
▶▶ 동일한 사유로 징계하는 것은 불가하나, 자세히 살펴볼 부분도 있어요.

답변

사용자가 같은 사유로 근로자를 2번 징계한다는 건 상식적이지 않죠. 그러나 종전 징계가 절차상 문제가 있거나 징계 양정이 과다해서 법원이나 노동위원회에서 부당한 것으로 밝혀진 경우, 동일 사유에 대해 절차 문제를 해소하거나 징계 수준을 낮추어 다시 징계하는 것이 가능합니다. 물론 사용자가 징계 양정에 잘못이 있음을 인정하여 스스로 종전의 징계를 취소하고 새로 징계하는 것도 가능하고요.

징계혐의사실이 형식적, 실질적으로 동일하지 않은 경우라면 시간적으로 연속되거나 단기간에 이루어진 비위행위에 대하여 각각 징계할 수도 있어요. 예컨대 회의 불참, 보고서 작성 부실 사유의 징계와 근태 불량으로 인한 업무 태만 사유의 징계는 서로 다른 사유에 대한 것이라며 이중 징계가 아니라고 판단한 적도 있어요.

또한 근로자가 사용자의 정당한 인사명령을 계속 불이행할 경우 이를 이유로 한 새로운 징계가 가능할 수 있죠. 실질적으로 동일한 내용의 인사명령 불이행에 대하여 사용자가 당초 한 차례 징계한 바 있더라도 불이행 기간을 상당히 달리한 후행 징계를 할 수 있습니다.

TIP

징계 통지를 서면으로 하지 않았다면, 해당 근로자의 중대한 비위가 존재하는지를 불문하고 징계가 무효예요. 소송으로 갔다면 강행규정을 위반해서 해고무효 판결을 받았을 겁니다. 그래도 사용자는 서면으로 통지하고 징계 절차를 보완하면, 해고무효 판결을 받았던 징계 사유에 대해서 다시 징계할 수 있습니다. 이것은 일사부재리 위반도 아니고, 법원의 판결을 편법으로 피하는 것도 아니죠.

특히, 해고무효소송이 진행되느라 해당 징계사유에 대한 징계시효 기간이 지났어도, 위 판결 확정일부터 상당한 기간 내에 다시 동일한 사유에 대하여 징계를 요구할 수 있습니다.

질문 징계(5)

징계 사유 전반에 대해서 알고 싶어요.
▶▶ 주로 문제되는 것은 근로제공의무 위반, 직장질서 교란 행위, 충실의무 위반 등이 있죠.

답변

실무상 자주 문제 되는 징계 사유는, 지각, 근무지이탈 등의 근무태만, 무단결근, 인사명령 불복종, 업무 지시 불이행, 동료 폭행, 회사에 대한 명예훼손, 겸직 금지 위반, 업무 성과 불량, 성희롱, 성폭행, 이력서 허위작성, 근무태도 불량, 직장질서 문란행위 등이 있습니다.

근로자가 입사 당시 학력을 허위로 기재하였더라도 허위 학력으로 인해 종사한 업무에 지장을 가져오는지 등을 종합적으로 판단해 해고의 정당성을 판단합니다. 업무명령 위반에 대한 징계가 정당하기 위해서는 업무명령이 근로계약의 범위 내에서 정당하고, 명령 불이행이 합당하지 않는 경우라야 할 것이에요.

횡령, 절도, 손괴로 인한 손해발생의 경우 회사의 수입원과 연결된 경우에는 더 엄격하게 판단하여 징계가 될 수 있어요.

퇴근 이후의 사생활은 근로 제공과 무관하므로 해고 사유가 될 수 없으나, 회사의 사회적 평가를 훼손할 염려가 있다면 징계할 수 있어요.

겸직 금지 위반은 통상적인 회사가 취업규칙에 징계 사유로 정하고 있으므로, 회사가 허락하지 않았는데도 근로자가 겸직하고 있다면 징계 대상이 될 수 있습니다. 또한 근로자가 일하면서 알게 된 사실을 외부에 공표하여 사용자의 비밀, 신용 등을 훼손하면 징계 사유가 됩니다.

TIP
실무적으로 회사는 형사상 범죄로 유죄판결을 받을 경우를 징계해고사유로 정하고 있어요. 여기에 '유죄판결'은 단체협약이나 취업규칙에 다른 규정이 없는 이상 헌법상 무죄추정의 원칙상 유죄의 확정판결을 의미해요. 다만, 구속된 경우는 장기간 근로제공의무를 이행할 수 없어서 미확정 상태에서도 징계 사유가 될 수 있습니다. 회사의 징계는 범죄 수준에 이르는 것만 대상은 아니죠. 그리고 검찰이 '기소한 경우에도 징계할 수 있다고 내부규정을 둔 경우에는 판결이 확정되기 전에도 징계 사유로 삼을 수 있죠.

질문 기간제 근로자, 차별시정

동종 또는 유사한 업무를 수행하는 정규직 근로자와 기간제 근로자에게 명절휴가비를 똑같이 지급해야 할까요?

▶▶ 합리적인 이유가 없다면 명절휴가비를 똑같이 지급해야 합니다.

답변

상여금에 관한 규정은 법에 정해져 있지 않고, 사업장의 사정에 따라 취업규칙이나 단체협약에서 내용이나 금액을 다르게 정할 수 있습니다. 다만, 기간제법에서는 차별적 처우를 금지하고 있기에 상여금을 규정할 때 법에 위반되는지 꼼꼼하게 따져 보아야 해요.

사용자는 기간제 근로자임을 이유로 주된 업무에 본질적인 차이가 없는 정규직 또는 무기계약직 근로자(이하 **"비교 대상 근로자"**)보다 임금, 상여금, 성과금, 근로조건 및 복리후생 등에 관련해서 합리적인 이유 없이 불리하게 처우하면 안 됩니다. 이때 **불리한 처우**란, 사용자가 임금 그 밖의 근로조건 등에서 기간제 근로자와 비교 대상 근로자를 다르게 처우해서 기간제 근로자에게 발생하는 불이익 전반을 의미해요.

보통 명절휴가비는 기간제 근로자의 채용 조건, 근무 성적, 업무의 난이도 등과 무관하고 기본적으로 실비변상 내지 복리후생적 목적에 따라 지급되는 금품입니다. 따라서 기간제 근로자를 비교 대상 근로자와 달리 차별해야 할 **합리적인 이유**가 없다면 명절휴가비를 똑같이 지급해야 합니다.

만약 기간제 근로자가 차별적 처우를 받는다면, 노동위원회에 차별시정신청을 할 수 있습니다. 다만, 시정신청은 차별이 있었던 날로부터 6개월 이내에 가능하므로 신청 기한을 꼭 지켜야 합니다.

TIP

사용자는 인재가 회사에 오래 다니기를 유도하며 상여금, 복리후생을 제공합니다. 그러나 합리적인 이유 없이 기간제 근로자들을 차별하면 도리어 위법행위가 될 수 있어요. 따라서 사용자는 상여금, 복리후생 등에서 비슷한 업무를 수행하는 근로자들 간에 차별하지 않는 것이 중요하고, 차별이 있다면 반드시 근로자들이 수행하는 업무 강도나 질에 차이가 있다는 합리적인 이유를 마련해 두어야 합니다.

질문 산업재해, 요양급여 신청

근로자가 일하다가 실수로 다쳤을 때 사장님의 허락이 있어야 산재 신청할 수 있을까요?

▶▶ 2018. 1. 1. 사업주 확인제도가 폐지되어서, 근로자는 사업주의 동의 없이 근로복지공단에 요양급여 신청서를 제출할 수 있어요.

답변

근로자는 업무와 관련하여 다치거나 질병에 걸려 4일 이상 요양이 필요한 경우에 근로복지공단에 요양급여 신청서를 제출할 수 있어요. 산재보험은 공적 보험으로 근로자의 과실 여부를 묻지 않고 보상할 수 있기에 근로자가 실수로 다쳐도 요양급여를 신청할 수 있습니다. 다만, 근로자의 고의·자해행위나 범죄행위 등으로 발생한 부상, 질병 또는 사망은 업무상 재해로 인정되지 않아요.

근로자는 산재를 신청할 때 요양급여 신청서에 산업재해가 발생한 경위 등을 정확히 작성하여 의료기관의 소견서를 첨부해야 합니다. 이때 사업주에게 확인받아야 요양급여 신청서를 제출할 수 있을까요? 정답은 아닙니다. 2018. 1. 1.부터 사업주 확인제도가 폐지되어 근로자는 사업주의 동의 없이 요양급여 신청서를 근로복지공단에 제출할 수 있습니다. 산재보험 의료기관이 근로자의 동의를 받아 요양급여의 신청을 대행하기도 하죠.

근로복지공단에 요양급여 신청서가 접수되면, 공단 직원은 사업장과 근로자를 상대로 재해 경위를 확인하고 서류를 제출할 것을 요청할 수 있어요. 공단은 사업주의 의견까지 확인한 후 산재를 승인할지 결정합니다. 업무상 질병으로 요양급여를 신청하였을 때는 업무상질병판정위원회의 심의를 거쳐 업무상 재해 여부를 결정합니다. 특히 뇌심혈관계 질병, 암 등으로 발병한 경우는 업무와 질병 간의 인과관계를 확인하기 위해 역학조사 등을 실시할 수 있습니다.

TIP

사업주는 산업재해로 사망자가 발생하거나 3일 이상의 휴업이 필요한 부상을 입거나 질병에 걸린 사람이 발생한 경우, 해당 산업재해가 발생한 날부터 1개월 이내에 산업재해조사표를 작성하여 관할 지방고용노동관서에 제출해야 합니다.

업무상 재해 판정 절차

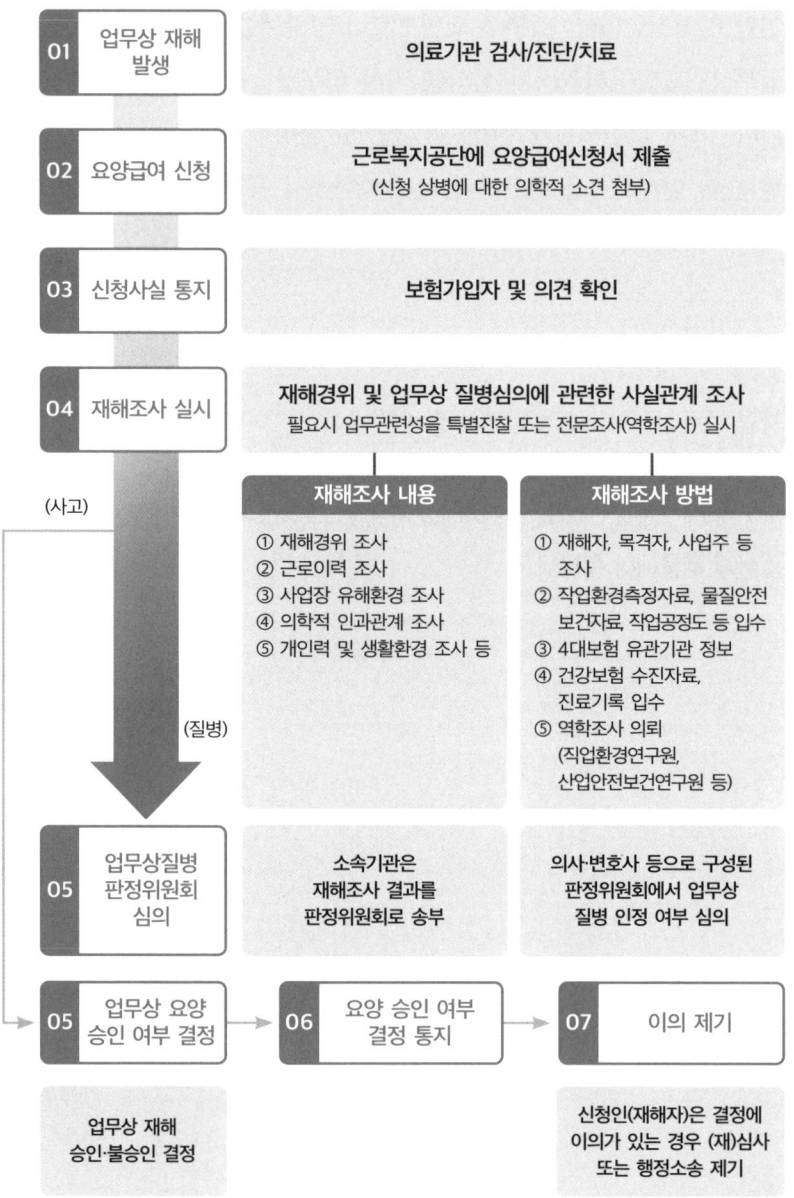

출처: 2024 산재보험 보상·재활 서비스 가이드

MEMO

질문 산업재해, 출퇴근 산재

근로자가 퇴근하다가 회사 앞 빙판길에서 넘어졌습니다. 산재를 신청할 수 있을까요?

▶▶ 근로자가 통상적인 경로와 방법으로 출퇴근하는 중 발생한 사고라면 근로복지공단에 산재를 신청할 수 있습니다.

답변

출퇴근 재해란 사업주가 제공한 교통수단(통근 버스) 등 사업주의 지배관리하에서 출퇴근하는 중 발생한 사고거나 그 밖의 통상적인 경로와 방법으로 출퇴근하는 중 발생한 사고를 말합니다. 이러한 출퇴근 재해는 일하러(취업 관련) 이동하는 과정에서 발생한 재해가 해당해요.

통상의 출퇴근 재해는 출퇴근하던 중에 통상적으로 수반되는 위험이 구체화된 경우이므로 다음의 요건을 모두 충족해야 합니다. 즉, ① 자택 등 「주거」와 회사, 공장 등의 「취업장소」를 시점 또는 종점으로 하는 **이동 행위**일 것, ② 출퇴근 행위가 업무에 종사하기 위해 또는 업무를 마친 후에 이루어질 것, 즉 **「취업과 관련성」**이 있을 것, ③ 출퇴근 행위가 **사회통념상 「통상적인 경로 및 방법」**에 따라 이루어질 것, 즉 이동 중 개인적인 이유로 경로를 벗어나거나 멈추는 등의 「일탈 또는 중단」이 없어야 합니다.

앞서 질문에 비추어 보면 근로자는 회사에서 퇴근해서 일반인이라면 사회통념상 이용할 수 있다고 인정되는 경로인 회사 앞 횡단

보도로 이동하는 중에 빙판길에서 넘어졌다면 출퇴근 산재에 해당할 가능성이 있습니다. 이때 근로자가 업무종료 후 업무 외 사유로 사업장 내에서 상당한 시간(대략 2시간 내외)을 초과하여 머문 후 퇴근하면 취업 관련성이 없는 경우로 해석할 수 있어요.

TIP
통상의 출퇴근 재해는 사업주의 직접적인 법 위반에 기인하지 않은 재해가 대부분입니다. 이러한 사실이 명백한 경우 사업주는 고용노동부에 산업재해조사표를 제출하지 않아도 됩니다. 또한 산재보험료가 올라가지 않고 사업장 재해율에 영향을 미치지 않아서 근로자가 산재를 신청해서 사업주에게 발생하는 불이익은 없다고 볼 수 있어요.

질문 직장 내 성희롱, 조치의무

직장 내 성희롱으로 피해를 보았다고 주장하는 근로자가 유급휴가를 요구하면 사업주는 반드시 부여해야 할까요?

▶▶ 취업규칙, 단체협약에 피해근로자에게 반드시 유급휴가를 주어야 한다는 규정이 없는 한, 사업주는 적절한 조치를 하면 됩니다.

답변

남녀고용평등법에서 사업주는 조사한 결과 직장 내 성희롱이 발생했다는 사실을 확인한 때에는 피해근로자가 요청하면 근무장소의 변경, 배치전환, 유급휴가 명령 등 적절한 조치를 해야 한다고 규정합니다. 피해근로자에 대한 조치의무는 근로자가 일하는 과정에서 건강을 해치는 일이 없도록 사업주가 필요한 조치를 마련하여야 할 보호 의무를 구체적으로 정한 거예요.

이러한 조치의무는 문언상 '근무장소의 변경', '유급휴가 명령' 등을 '적절한 조치'의 예시로 두고 있으며, 사업주의 보호의무는 근로자가 근로 환경이 악화하여서 건강을 해하지 않도록 적절한 작업 환경을 제공한다는 근로계약상 부수의무에 해당합니다.

사업주는 피해근로자를 위해 보호조치를 선택할 때 어느 정도 재량권을 가져요. 근로자가 특정한 보호조치를 요청하더라도 사업주는 업무상 필요성과 피해근로자의 피해 내용, 건강 상태, 필요한 치료 기간 등을 고려하여 그 보호조치의 내용이나 기간을 정할 수 있어요. 따라서 취업규칙, 단체협약에 피해근로자에게 반드시 유급휴가를 주어야 한다는 규정이 없는 한, 사업주는 피해자를 보호할 수 있는 적절한 조치를 하면 됩니다.

만약 피해근로자가 행위자와 회사에서 마주치기 싫어하면, 회사는 피해근로자에게 재택근무를 시행할 수도 있어요.

TIP
직장 내 성희롱 피해근로자는 상시 근로자 수가 1명 이상인 사업장이라면 노동위원회에 시정 신청할 수 있습니다. 근로자는 사업주로부터 적절한 조치를 받지 못했거나 해고·징계 등 불리한 처우를 받는 등 그 행위가 있었던 날로부터 6개월 이내에 해당 사업장을 관할하는 지방노동위원회에 신청해야 합니다.

질문 직장 내 성희롱, 판단기준

나는 여자이고 살찐 부하 여직원이 안타까워서 쓴소리했을 뿐인데 직장 내 성희롱인가요?

▶▶ 동성 간의 행위도 직장 내 성희롱에 해당할 수 있으며, 직장 내 성희롱에 해당하는지를 판단할 때 의도는 별개입니다.

답변

만약 부장인 여직원이 대리인 여직원을 걱정스러운 어조로 "왜 이렇게 살쪘어? 그래서야 남친이 성욕을 느끼겠어?"라고 말했다면, 직장 내 성희롱에 해당할까요? 정답은 "가능하다"입니다. 어떤 행위가 직장 내 성희롱으로 성립하기 위해서는 ① 행위자 및 피해자가 관련 법률(남녀고용평등법 등)에서 정한 범위에 해당해야 하고, ② 업무 관련성이 인정되어야 하며, ③ 성적 언동 등의 행위와 그 행위로 인한 피해(근로조건 및 고용상 불이익)가 발생해야 해요.

직장 내 성희롱에서 남성, 여성 모두 직장 내 성희롱 행위자 및 피해자가 될 수 있으며, **동성 간의 행위도 직장 내 성희롱에 해당할 수 있습니다.** 이때 직장 내 성희롱은 상대방이 원하지 않는 성적 의미가 내포된 육체적·언어적·시각적 언행이며, 상대방이 명시적으로 거부 의사를 표현한 경우만이 아니라 소극적 또는 묵시적으로 거부하는 때도 포함돼요.

또한 행위자의 의도는 직장 내 성희롱의 성립 여부와 무관합니다. 피해자가 그러한 불쾌감을 느꼈는지가 중요합니다. **대법원 역**

시 "우리 사회 전체의 일반적이고 평균적인 사람이 아니라 피해자와 같은 처지에 있는 평균적인 사람의 입장에서 성적 굴욕감이나 혐오감을 느낄 수 있는 정도였는지를 기준으로 심리, 판단하여야 한다"라고 하였습니다.

TIP

사용자는 직장 내 성희롱을 방지하기 위해서 예방 교육을 시행해야 합니다. 매년 1월 1일부터 12월 31일 사이에 1회 이상, 사업주 및 전체 근로자가 대상이죠. 인터넷 등 통신을 이용하여 교육하는 경우 수강 진도를 점검하며, 교육 내용에 대한 시험 등을 진행해서 수강자에게 교육 내용이 제대로 전달되었는지를 확인할 수 있는 기능이 갖춰져야 합니다.

질문 노사협의회 설치

우리 회사의 상시 근로자가 때때로 30명 미만인데 노사협의회를 설치해야 할까요?

▶▶ 노사협의회는 근로조건에 대한 결정권이 있는 30명 이상의 근로자를 상태적으로 사용하는 사업장이면 의무적으로 설치해야 해요

답변

노사협의회는 근로조건에 대한 결정권이 있는 상시 30명 이상의 근로자를 사용하는 사업 또는 사업장이라면 의무적으로 설치해야 합니다. 노사협의회는 설치 요건이 충족되는 경우 즉시 설치하여야 하며 근로자의 수가 때때로 30인 미만이 되어도 **사회통념상 객관적으로 판단하여 상태적으로 30명 이상인 경우도 포함**됩니다. 만약 노사협의회가 설치된 사업장이 일시적으로 인원이 감소해서 근로자 수가 30명 미만이라도 그간의 고용 추이·향후 고용 전망(30명 이상으로 회복 가능성) 등을 고려할 때, 상시적으로 사용하는 근로자 수가 30명 이상이라면 노사협의회를 계속 운영해야 하고요.

근로자 수 산정에는 일용근로자 등 명칭이나 고용형태에 관계없이 근로기준법 제2조에 따른 근로자는 모두 포함하여야 하며, **파견근로자를 제외한 하나의 사업 또는 사업장에 근로하는 모든 근로자**입니다.

또한 '근로조건에 대한 결정권'이라 함은 임금, 근로시간, 휴일, 휴게, 연차유급휴가, 복지후생시설 등 근로계약을 체결할 때 그 대상이 되는 사항에 관해 결정하는 권한을 의미하는 것입니다. 노사협의회를 근로조건에 대한 결정권이 있는 사업 또는 사업장 단위로 설치하도록 한 것은 적어도 노사 간 협의가 이뤄진 사항에 관해 결정할 수 있고, 이행력을 담보할 수 있는 단위가 되어야 협의의 실효성을 높일 수 있기 때문이에요.

TIP
사용자는 하나의 사업에 종사하는 근로자 수가 30명 이상이면 해당 근로자가 지역별로 분산되어 있더라도 그 주된 사무소에 협의회를 설치해야 합니다. 본사와 지사가 각각 근로조건 결정권이 있고 인사·노무관리, 회계 등이 별도로 운영되는 등 독립성이 인정되지 않는 한, 하나의 사업이라면 주된 사무소 소재지에 전체 근로자를 대상으로 하는 노사협의회를 설치하여야 합니다.

> 질문 중대재해처벌

공사 현장에서 사람들이 사망한 경우에는 모두 중대재해인가요?

▶▶ 사망자가 1명이라도 발생했다면 중대산업재해 내지 중대시민재해에 해당할 수 있어요.

> 답변

중대재해처벌법은 회사가 스스로 경영책임자를 중심으로 안전보건관리체계를 구축하여 이행하도록 하고, 위반 시 사업주 또는 경영책임자에게 책임을 추궁하는 것입니다.

중대산업재해가 발생하면 무조건 사업주가 처벌받는 것은 아닙니다. **사업주와 경영책임자가 중대산업재해를 예방하기 위해 안전·보건관리체계 구축 등 안전·보건을 확보하기 위한 제반의무를 이행하였다면 사망사고가 발생하더라도 처벌받지 않아요.** 사업주 등의 중대재해처벌법상 의무 위반과 종사자의 사망 사이에 고의, 예견 가능성, 인과관계 여부를 수사하여 확인하여 명확한 경우에만 처벌합니다. 예컨대, 재해자가 지하 주차장 바닥을 물청소 작업하던 중 고정된 시설물에 걸려 넘어져 사망했다면, 사업주가 재해자 사망의 결과를 예견할 수 없었던 사고라서 처벌되지 않겠지요.

중대재해처벌법은 상시 근로자 수가 5명이 넘으면 개인사업주도 적용합니다. 사업장별 인원이 아니라 경영상 일체를 이루는 하나의 기업에 속한 모든 사업장과 본사의 근로자를 모두 합산한 수를 기준으로 판단합니다. 따라서 장소적으로 인접해 있을 것을 필요로 하지 않아요. 아르바이트생 등 기간제 등 고용형태는 불문하나, 특수고용형태 종사자 중 근로기준법상 근로자가 아니면 포함되지 않아요. 업종은 무관하므로 음식점업, 숙박업 등을 하는 개인사업주도 모두 포함됩니다.

TIP
사업주는 **안전보건 계획을 수립**하고 공표하고, 안전 및 보건을 위해 **적정한 예산을 편성**하세요. 그리고 순회 점검을 통해 근로자의 의견청취절차를 마련하고, **비상대응체계의 수립 및 훈련**을 하셔야 합니다. 정기적으로 **위험요인을 점검하고 조치**하셔야 합니다.

질문 과태료

고용노동청에서 과태료 처분을 받았는데 억울해요.
▶▶ 과태료 부과처분을 받은 날부터 60일 이내에 이의제기 가능합니다.

답변

고용노동부에서는 특별사법경찰기능을 수행합니다. 노동관계법령 위반에 대해 검찰의 지휘를 받아서 사건을 처리합니다. 여기에 노동관계법령 위반 사항에 과태료 처분 대상도 있고, 형사처벌 대상도 있어요.

예를 들면, 직장 내 괴롭힘이 인정되면 고용노동부가 행정청이 되어 사용자에게 과태료 처분을 부과합니다. 여기에 과태료를 자진해서 납부하면 통상 20%를 감액해 주죠.

그런데 이러한 고용노동부 과태료 부과처분에 대해서는 행정청이 미리 과태료 부과의 원인이 되는 사실, 금액, 적용 법령, 10일 이상의 기간을 정하여 의견 제출 기한 기회 등을 서면으로 기재하여 사전통지해야 합니다. 이러한 과태료 부과 처분 절차를 마친 후에 과태료 부과처분을 하고, 이러한 **과태료 부과 처분 통지를 받은 날부터 60일 이내에 행정청에 서면으로 이의제기할 수 있어요.**

이렇게 이의제기를 하면 과태료 부과처분을 바로 효력을 상실하되, 행정청은 이의제기를 받은 날부터 14일 이내에 당사자 주소지 관할 법원에 통보하여 즉결심판을 받게 됩니다. 법원은 심문기일을 열어 당사자의 의견을 듣고 있어요. 법원이 즉결심판을 하니 판사가 결정해 줍니다. 또 여기 법원의 결정에 이의가 있으면 즉시항고할 수 있고, 특이하게 일반 처분과는 달리 항고하면 처분은 집행정지됩니다.

TIP
실무적으로는 과태료 다 납부하고, 이의기간 60일이 지나고 나서야 사건을 의뢰한 경우가 많았어요. 과태료 처분에 이의가 있다면 적극적으로 과태료 부과 처분에 대해서 다퉈야 합니다. 통상 과태료 납부 후에는 과태료에 대해 이의신청을 할 수 없어요. 권익위원회는 과태료 처분 사전 통지 때 과태료 납부 이후엔 '이의제기'가 불가능하다는 사실을 사전 안내하지 않았다면 행정청의 과태료 처분을 직권 취소해야 한다고 시정권고 했어요.

질문 공무원신분

경력직 공무원이 되었는데 일반 사기업 근로자와 다른 점이 무엇인가요?

▶▶ 공무원은 근로기준법이 아니라 국가공무원법을 적용받습니다.

답변

국가공무원은 경력직, 특수경력직으로 구분됩니다. 다시 경력직은 일반직, 특정직으로 구별되고, 특수경력직은 정무직, 별정직으로 구별됩니다. 저자가 일한 대통령비서실은 대통령의 직무를 보좌합니다. 대통령비서실장이 대통령실 소속 공무원을 지휘·감독하지요. 대통령실 각 수석비서관은 정무직이고, 대통령실 행정관들은 일반직 또는 별정직 공무원입니다.

통상 공무원은 정치 운동이 금지되죠. 그러나 국회의원이나 정무차관, 국회 보좌관 같은 일부 특수경력직공무원은 정치행위를 해도 됩니다. 일반적으로 공무원은 금고 이상의 실형을 선고받고 그 집행이 끝난 지 5년이 지나야 공무원에 임용될 수 있는데요, 정무직 공무원은 임용결격 사유도 적용받지 않지요.

공무원 징계는 파면·해임·강등·정직·감봉·견책으로 구분됩니다. 파면은 퇴직급여액의 4분의 1(재직기간이 5년 미만인 자)에서 2분의 1(재직기간이 5년 이상인 자)이 감액되고, 5년간 공무원에 임용될 수 없습니다. 반면 해임의 경우는 금품 및 향응 수수, 공금 횡령, 유용으로 인한 경우에는 퇴직급여액의 4분의 1(재직기간이 5

년 이상인 자)이 감액될 수 있고, 3년간 공직에 임용될 수 없습니다. 감봉은 사기업의 감급과 유사하지만, 공무원 감봉은 1개월 이상 3개월 이하의 기간 동안 보수의 3분의 1을 감합니다. 사기업 징계인 감급(최대 총액 10%)보다 공무원 감봉이 많이 되는 거죠.

TIP
공무원분들은 퇴직연금상 파면인지 해임인지 매우 중요합니다. 설령 징계를 받아도 징계수위를 다투어야 할 필요성이 여기에 있습니다.

질문 사면

사면에 관해 알고 싶어요.

▶▶ 대통령은 행정부 수반이자 국가원수라는 이중적 지위를 가지므로 고유권한으로 사면권을 갖고 있습니다.

답변

뉴스에서 광복절 특사, 삼일절 특사라는 단어를 종종 듣습니다. 우리나라에는 사면법을 두고 있습니다. 사면은 대통령의 고유권한입니다. 사면법에는 사면, 감형, 복권을 규정합니다.

일반 사면은 죄를 범한 자에 대해 이루어집니다. 형 선고의 효력이 상실되며, 형을 선고받지 아니한 자에 대하여 공소권이 상실됩니다.

특별사면은 형을 선고받은 자에 대해 이루어집니다. 형의 집행이 면제됩니다.

복권은 형의 선고로 인하여 법령에 따른 자격이 상실되거나 정지된 자에 대해 이루어집니다. 그 자격을 회복하게 되지요. 이를테면 공무원, 변호사가 되는 자격 같은 게 있겠죠.

다만, 사면 등이 이루어진다고 해도, 형의 선고에 따른 기성의 효과는 변경되지 않습니다. 그래서 음주운전을 3회 이상 위반한 것인지 아닌지 여부를 판단할 때에는 사면된 것도 포함해서 계산합니다. 또한 복권이 있었다고 하더라도 그 전과사실은 누범가중사유에 해당합니다.

특별사면, 복권 등은 법무부장관 소속 사면심사위원회의 심사를 거칩니다. 여기에 대상자의 판결서 등을 살펴보는 등 충분한 조사를 거쳐 이루어지고 있지요.

TIP
정치인들에게는 피선거권(출마)이 중요합니다. 사면만으로는 교도소에서 출소할 수 있을 뿐이고, 출소하더라도 5년간 선거에 출마할 수 없지요. 별도로 복권을 받아야 피선거권이 즉시 회복됩니다.

제 6 장

연금

질문 퇴직연금 제도

새로운 회사에 입사했습니다. 인사부에서 퇴직급여제도인 DB형과 DC형 중 선택하라고 합니다. 어떤 게 유리하나요?

▶▶ 임금인상률이 높으면 DB형을, 운용수익률에 자신이 있다면 DC형이 유리합니다.

답변

퇴직연금제도인 DB형과 DC형은 근로자의 퇴직 재원을 회사 밖, 즉 금융기관에 예치해 두는 제도입니다. DB형(확정급여형)과 DC형(확정기여형)은 퇴직금 재원의 운영 주체와 퇴직금 수령액의 결정 방식에 큰 차이가 있어요.

우선 DB형의 운영 주체는 회사이고, 퇴직금은 '근속기간×최종 3개월 평균임금'으로 계산합니다. 즉, 회사가 퇴직 재원을 금융기관에 예치하고 운용을 하지만, 그 운용 성과와 상관없이 퇴직자의 퇴직금은 퇴직 전 급여 수준과 근속기간으로 결정됩니다. 반면, DC형은 근로자가 직접 퇴직 재원을 운용하고, 퇴직금은 '연간 임금총액의 1/12＋운용성과'입니다.

예를 들어, 1년 차에 월평균 400만 원, 2년 차에 450만 원, 3년 차에 500만 원을 받으며 3년 근무 후 퇴직한 근로자(A)의 퇴직금을 대략 계산해 보겠습니다. A가 DB형을 선택하였다면, '3년×500만 원=1,500만 원'의 퇴직금을 받을 것입니다. 그러나 A가 DC형을 선택하였다면 운용 성과에 따라 퇴직금이 결정됩니다. 만약 회사가 매년 초에 직전 1년의 임금총액의 1/12를 근로자의 DC형 계좌에 입금을 해 주는 규정이 있고, A는 이를 잘 운용하여 연 10%의 수익률을 달성했습니다. 결과적으로 퇴직할 때까지 회사는 A의 DC형 계좌에 총 1,350만 원을 입금하였고, A는 129만 원의 운용수익을 더해 퇴직금 1,479만 원을 수령합니다. 만약, 20%의 연평균 수익률을 올렸다면, 퇴직금은 1,616만 원이 됩니다. 즉, 임금인상률이 운용수익률보다 높다면 DB형이 유리하고, 운용수익률이 높다면 DC형이 유리합니다.

TIP
운용수익률은 예측이 어렵기 때문에, 대부분 회사에서는 임금인상률이 높은 입사 초기에는 DB형을 많이 선택하고, 임금피크제 등으로 급여가 감소하거나 인상률이 낮아지는 경우 DC형으로 전환합니다.

질문 퇴직연금 제도

퇴직연금제도에서도 중간정산이 가능한가요?

▶▶ DC형 근로자는 주택구입 등 사유가 있으면 중도인출이 가능하나, DB형 가입자는 중간정산이 불가합니다.

답변

근로자퇴직급여보장법에 따라 회사는 근로자의 퇴직금을 지급하기 위해 퇴직급여제도를 설정하여야 합니다. 퇴직연금제도가 아닌 퇴직급여제도를 퇴직금 제도라고 합니다. 해당 제도는 회사가 퇴직 재원을 회사 밖으로 예치하지 않습니다. 퇴직금 제도에서는 중간정산이라는 제도를 통해 퇴직하지 않은 근로자가 특정 사유에 해당하면 퇴직금을 미리 지급합니다. 이와 유사한 제도로 DC형 근로자는 '중도인출'이 가능합니다. 중도인출 사유는 아래와 같습니다.

- 무주택자인 가입자가 본인 명의로 주택을 구입하는 경우
- 무주택자인 가입자가 전세금 또는 보증금을 부담하는 경우
- 사업주의 휴업 실시로 근로자의 임금이 감소하거나 재난으로 피해를 입은 경우
- 가입자 본인 또는 배우자 등 부양가족의 6개월 이상 요양이 필요한 경우로서 가입자가 본인 연간 임금총액의 1천분의 125를 초과하여 의료비를 부담하는 경우
- 중도인출을 신청한 날부터 거꾸로 계산하여 5년 이내에 가입자가 파산선고를 받은 경우

- 중도인출을 신청한 날부터 거꾸로 계산하여 5년 이내에 가입자가 개인회생절차개시 결정을 받은 경우

TIP

DB 제도는 근로자가 재직 중에 수급액을 확정할 수 없고, 다른 가입자의 수급권에 영향을 미칠 수 있어서 중간정산이 불가합니다. 만약 DB형 근로자는 DC형으로 전환 신청을 하고 위의 사유를 갖추면, 중도인출이 가능합니다. 다만, 회사에 DC형이 도입되어 있지 않다면, 퇴직금을 중간에 정산받기가 어렵습니다.

질문 퇴직연금 제도

퇴직금을 새로 개설한 IRP로 받았습니다. 현재는 연금수령 연령(만 55세 이상)이 지났는데, IRP에서 연금을 받기 위해서는 가입 기간이 최소 5년이어야 한다고 들었습니다. 그럼 5년을 기다려야 연금을 받을 수 있는 건가요?

▶▶ 퇴직금이 입금된 IRP의 경우 만 55세 이상이면, 가입기간과 무관하게 연금을 받을 수 있습니다.

답변

개인형퇴직연금제도(IRP제도)란 가입자의 선택에 따라 가입자가 납입한 일시금이나 사용자 또는 가입자가 납입한 부담금을 적립·운용하기 위하여 설정한 퇴직연금제도로서 급여 또는 부담금의 수준이 확정되지 아니한 퇴직연금제도를 의미합니다.

소득세법상 연금계좌인 IRP에서 연금을 수령하기 위해서는 가입자 본인의 연령이 만 55세 이상(연령 요건)이면서 IRP의 가입 기간이 5년 이상(기간 요건)이어야 합니다.

다만, 퇴직금이 입금된 계좌의 경우에는 연령 요건만 충족하면 연금을 수령할 수 있습니다. 이는 퇴직금을 연금으로 전환하기 위한 정책적 배려입니다. 퇴직금만 입금된 계좌에서 연금을 수령하면 퇴직소득세율의 70%로 10년간 과세가 되고, 11년 차부터는 퇴직소득세율의 60%로 과세됩니다. 필요한 현금흐름을 고려하여 연금 수령 기간을 결정하기를 바랍니다.

사례의 경우 새로 개설한 IRP이므로 기간 요건은 갖추지 못했지만, 퇴직금이 입금된 IRP이기 때문에 만 55세 이상인 경우 연금 수령이 가능해요.

TIP
가입 기간이 5년 미만인 IRP인데, 연금을 받고 싶으면 퇴직금을 이전하면 됩니다. 예를 들어 위 사례에서 퇴직 전에 5년 미만 가입한 IRP를 운용 중이었다면, 퇴직금을 수령할 IRP를 별도로 만들지 않고 이미 운용 중인 IRP에 퇴직금을 이전한다면 기간 요건을 갖추지 않아도 되기 때문에 연금을 바로 수령할 수 있습니다.

질문 　퇴직연금 제도

저는 이직할 때마다 받은 퇴직금을 1개의 IRP에 모아 두었습니다. 여러 번의 퇴직금마다 각각 퇴직소득세율이 다를 텐데, 연금으로 받거나 해지할 때 세금은 어떻게 계산되어 납부해야 하나요?

▶▶ 복수의 퇴직금을 입금된 순서를 고려하지 않고 합산하여 관리하고 일시금 수령 시 해당 세금을 고려하여 과세됩니다.

답변

　IRP는 퇴직금을 받아서 운용하고 연금을 수령하는 것을 기본 기능으로 하는 계좌입니다. 퇴직금에는 퇴직소득세라는 세금이 부과되어 수령할 때 퇴직소득세를 납부해야 하지만, IRP로 퇴직금이 이전되면 세금 납부가 연기되는 과세이연이 적용됩니다. 이런 기능 외에 여러 퇴직금을 하나의 계좌에 모아 두는 기능도 있습니다. 잦은 이직으로 퇴직금이 사라지는 폐해를 막기 위한 것입니다.

　사례를 들어 보겠습니다. 직장1에서 퇴직금 1억 원(퇴직소득세율 9%)을 받고, 이직한 직장2에서 퇴직금 5천만 원(퇴직소득세율 6%)을 받아, 차례대로 1개의 IRP에 입금하였습니다. IRP로 이전된 퇴직금은 총 1.5억 원이고 이전된 퇴직소득세는 총 1,200만 원입니다. 이를 통해 세율은 8%가 되었습니다. IRP로 입금된 복수의 퇴직금은 입금 순서를 고려하지 않고, 하나로 합산되는 개념입니다. 왜냐하면 IRP에서 연금 혹은 일시금으로 인출할 때, 재원의 종류에 따라 세금을 부과하는데, 퇴직금은 '이연퇴직소득'이라는 항목으로 하나로 묶이기 때문입니다. 따라서, 해지하면 8%의 세금을 내야 하고, 연금으로 받으면 5.6%(=8%×(1-30%))(11년 차부터 4.8%(=8%×(1-40%))의 세금을 납부합니다.

TIP
복수의 퇴직금을 받을 때 1개의 IRP에서 운용하는 것이 목돈을 만들어 가는 측면에서 좋은 방법입니다. 그러나 계좌를 운용하다가 급한 돈이 필요한 경우 일부를 인출해야 할 때, DC형의 중도인출과 유사한 주택구매 등의 사유를 갖추어야 합니다. 따라서 운영의 유연성을 고려할 때 복수의 퇴직금은 각각의 IRP로 관리하면 좋습니다. 연금을 받을 때는 둘 다 연금 개시를 해도, 1개의 IRP로 받는 것과 비슷한 연금을 받을 수 있을 테니까요.

질문 퇴직연금 제도

임원의 경우 연간 급여의 20%에 근속기간만큼을 퇴직금으로 받을 수 있다고 들었습니다. 이를 초과해서 받는 것은 불가능한가요? 만약 가능하다면, 어떤 패널티가 있을까요?

▶▶ 근속기간별로 연간 급여의 20%(30%)로 한도가 정해져 있고, 한도를 넘어 지급하면 근로소득으로 과세하여 세금 부담이 추가 발생해요.

답변

임원은 근로자퇴직급여보장법상의 근로자는 아니지만, 회사 규정에 따라 보통 퇴직금을 받습니다. 그러나 근로자와 달리 퇴직소득으로 보는 한도가 소득세법에 정해져 있습니다. 다시 강조하면 퇴직금에 대한 한도가 아니고 퇴직소득에 대한 한도입니다. 헷갈릴 수 있지만, 퇴직금과 퇴직소득은 다른 개념입니다. 퇴직금은 회사에서 주는 돈이고, 퇴직소득은 세법에서 과세를 위해 정한 개념입니다. 근로자의 경우 퇴직금이 곧 퇴직소득이나, 임원의 경우에는 소득세법에서 정한 한도 이내만 퇴직소득으로 보고, 이를 넘게 받는 퇴직금은 퇴직한 연도의 근로소득으로 과세하게 됩니다. 임원의 퇴직소득한도는 기간별로 구분하여 합산(①+②+③)합니다.

① 2011년까지: 퇴직금 전부
② 2012년~2019년: 2019년 말 기준 급여×근속기간×30%
③ 2020년 이후: 퇴직 시점 기준 급여×근속기간×20%

위 산식처럼 기간을 나누어 합산하는 이유는 해당 기간에 소득세법의 개정이 있었기 때문입니다. ①번에 해당하는 2011년까지는 임원이 회사 규정에 따라 퇴직금을 얼마를 받던 모두 퇴직소득으로 인정해 주었기 때문에, 연봉만큼 퇴직금을 받는 임원도 꽤 있었습니다. 그러나, 2012년부터는 소득세법상 한도가 정해져서, 상당수의 회사가 임원퇴직금 규정을 세법에 따라 수정하였습니다.

TIP
반드시 회사의 내부 규정을 반드시 세법 기준에 맞춰 수정할 필요는 없습니다. 근로소득세가 퇴직소득세에 비해 높긴 해도 여전히 많이 받는 것이 임원에게는 좋은 선택지니까요.

질문 퇴직연금 제도

나는 퇴직연금 가입자가 아니라서 IRP를 이용하지 않고, 퇴직금을 세금 차감 후 개인 계좌로 수령하였습니다. 그러나 퇴직금을 IRP를 통해 연금으로 받으면 세제 혜택이 있다고 들었는데, 저 같은 경우는 연금 세제 혜택을 못 받는 건가요?

▶▶ 퇴직금 수령일로부터 60일 이내에 IRP에 세후 퇴직금의 전부 혹은 일부를 입금하면, 해당 비율만큼 세금이 IRP로 환급됩니다.

답변

퇴직금을 연금으로 받으면 30%(11년 차부터 40%)의 세금이 절감됩니다. 퇴직연금 가입자는 퇴직금을 IRP로 반드시 이전해야 하나, 퇴직연금 미가입자의 퇴직금은 IRP로 받아도 되고, 세후 퇴직금을 그냥 수령하여도 무방합니다. 그러나 보통 퇴직연금제도가 도입되지 않은 회사에서는 퇴직자에게 IRP를 권유하지 않고, 세금을 차감하고 지급하는 경우가 많죠. 그래서 세후 퇴직금을 IRP로 과세이연하는 제도가 마련되어 있습니다.

퇴직금 수령일로부터 60일 이내에 IRP로 입금하면, 세금을 징수했던 회사가 퇴직소득세를 해당 IRP로 환급해 줍니다. 결과적으로 세후 퇴직금과 세금이 합쳐져 세전 퇴직금의 입금 효과가 생기는 것입니다.

주의할 점은 퇴직일이 아닌 퇴직금 수령일로부터 60일 이내라는 점입니다. 개인 계좌로 수령한 세후 퇴직금의 일부도 원하는 금액만큼 입금할 수 있습니다. 수령한 금액 대비 입금한 금액의 비율만큼 환급 세액을 계산하여, 세후 퇴직금을 입금했던 IRP로 세금이 환급됩니다. IRP로 입금된 세전 퇴직금을 잘 굴려서 나중에 연금을 받으며 세제 혜택을 받을 수 있습니다. 오히려 IRP로 의무 이전해야 하는 퇴직연금 가입자보다 원하는 금액을 입금할 수 있는 장점이 있습니다.

TIP
IRP에 세후 퇴직금 전부를 입금해도 좋지만, 급한 돈이 나갈 상황을 생각하면 일부만 입금하는 것도 좋습니다. 어차피 입금한 만큼 세금이 환급되므로 IRP에서 관리하는 퇴직소득세율은 동일하고, 이에 따라 연금으로 받거나 일시금으로 받을 때 세금의 관계는 비슷하다고 보면 됩니다.

질문 사적연금 제도이해

IRP와 연금저축 2개를 운용하고 있습니다. 2개의 계좌를 합칠 수 있다고 들었는데, 어떤 경우에 가능할까요?

▶▶ 만 55세 이상이면서 가입 기간이 5년 이상이면(퇴직금 입금 계좌는 기간 무관) IRP와 연금저축 계좌를 이전하여 하나로 만들 수 있습니다.

답변

IRP에서 IRP로, 연금저축에서 연금저축으로 계좌를 이전할 수 있습니다. 물론 전액을 이체해야 하고 연금이 개시된 계좌는 이전되지 않고, 2013년 3월 1일 이후 가입한 IRP에서 그 이전에 가입한 IRP 계좌로의 이전이 제한되는 몇 가지 제약은 있습니다.

질문하신 IRP와 연금저축 계좌는 일견 비슷해 보이지만, 서로 다른 제도에서 발생한 계좌이므로 둘 간의 합산 이전은 몇 가지 요건이 있습니다. 바로 연금수령 요건(연령 요건, 기간 요건)이 필요합니다. 앞서 설명은 드렸지만, 다시 되새겨 보면, 가입자의 연령이 만 55세 이상이고, 가입 기간이 5년 이상이면(퇴직금이 입금되면 가입 기간을 따지지 않음) IRP에서 연금저축으로, 연금저축에서 IRP로 전액 이전할 수 있습니다.

그러면 IRP와 연금저축 계좌 간 이체할 때 투자하고 있던 금융상품을 그대로 가져갈 수 있을까요? 일부 금융기관에서는 동일한 금융기관 내 IRP와 연금저축 간 이체 시 현물 이전을 해 주지만,

대부분은 어렵습니다. 따라서 이체하려는 계좌에서 가입하고 있던 금융상품을 모두 매도해 현금화한 다음 계좌이체를 하고, 다시 금융상품을 매수해야 할 수 있습니다.

연금이 개시된 계좌로는 추가 납입이 불가능하므로, 두 계좌를 합산하는 것도 좋은 방법입니다. 또한 계좌를 각각 관리하며 하나는 연금을 개시하고, 하나는 저축용 혹은 비상용으로 유연성 있게 관리할 수 있습니다.

TIP

IRP와 연금저축을 합산하면 계좌를 관리할 때 편리하지만, 각각의 계좌를 별도 관리하며 생기는 이점도 있습니다. 예를 들면, 하나의 계좌는 연금으로 받고 하나의 계좌는 비상용 계좌로 활용하는 것입니다. 계좌의 목적과 용도를 명확히 구분하면, 운영의 유연성과 절세 효과를 모두 챙길 수 있습니다.

질문 사적연금 제도이해

IRP의 연간 납입 한도는 1,800만 원으로 알고 있습니다. 만약 올해 퇴직금을 IRP로 이전했다면, 해당 퇴직금만큼 IRP의 입금 한도가 줄어드나요?

▶▶ 퇴직금은 연간 납입 한도 대상이 아닙니다.

답변

IRP의 연간 납입 한도는 1,800만 원입니다. 이는 연금저축 및 DC형의 개인 부담금과 합산 한도입니다. 즉 연금저축에 600만 원을 입금하면 IRP로는 1,200만 원까지 입금할 수 있습니다. 다만, 이 한도는 가입자가 자발적으로 입금한 금액에만 적용되며, 퇴직금을 IRP로 이체한 금액은 납입 한도에 포함되지 않습니다.

IRP에는 두 가지 유형의 자금이 들어올 수 있는데, 첫째는 본인이 직접 불입한 납입액이고, 둘째는 퇴직 시 회사에서 지급한 퇴직금(퇴직소득 한정, 임원 한도 초과금은 입금 불가)입니다. 이 중 퇴직금은 IRP의 연간 1,800만 원 납입 한도에 영향을 주지 않습니다. 다시 말해, 올해 퇴직금을 IRP 계좌로 이체했다 하더라도, 그 금액만큼 납입 한도가 줄어드는 일은 없습니다. 또한 퇴직금은 개인 납입액이 아니므로 납입 한도가 없습니다.

그럼 이런 질문을 하실 수도 있을 것 같아요.
"1억 원을 입금하고, 퇴직금이라고 말하면 입금되지 않나요?"

퇴직금을 입금하려면, IRP 사업자(은행, 증권, 보험)에게 퇴직소득원천징수영수증을 제출하면서 해당 금액이 퇴직금임을 증명해야 하므로, 우회적인 방법으로는 개인 납입액이 1,800만 원을 초과할 수는 없습니다.

TIP
퇴직금을 퇴직금으로 입금하면 연금으로 수령 시 퇴직소득세율의 30%를 절감할 수 있습니다. 그러나 세후 퇴직금을 연말정산 세액공제용으로 납입하면 더 유리할 수도 있습니다. 따라서 배우자와 함께 연간 3,600만 원(1,800만 원×2명)씩 나누어 세액공제용으로 납입하는 것도 충분히 고려해 볼 수 있습니다.

질문 사적연금 납입혜택

IRP와 연금저축의 연말정산 세제 혜택에 대해 알려 주세요.

▶▶ 납입 금액에 대해 최대 900만 원까지, 최대 16.5%를 세액공제 받을 수 있습니다.

답변

IRP와 연금저축을 연금 계좌라고 하는데, 매년 납입 금액 중 일부에 대해 세제 혜택이 있습니다. 연금 계좌의 세제 혜택은 다음의 산식으로 정리할 수 있습니다.

Min[연간 납입금액, 600만 원(900만 원)]×16.5%(13.2%)

600만 원(900만 원)을 한도로 연간 납입 금액에 대해 16.5%(13.2%)를 곱한 금액이 세액 공제됩니다. 여기서 600만 원(900만 원)을 '세액공제한도'라고 하고, 16.5%(13.2%)를 '세액공제율'이라고 합니다. 우선 '세액공제한도'에 대해 설명하자면, 연금저축의 개별 한도는 600만 원이고 IRP와 포함하면 900만 원입니다. IRP의 개별 한도는 900만 원입니다.

예를 들어, 연금저축에 700만 원, IRP에 500만 원을 입금하면 '세액공제'는 900만 원입니다. 그러나 연금저축에 1,600만 원, IRP에 200만 원을 입금하면 '세액공제'는 800만 원입니다. 세액공제율은 소득 수준에 따라 달라지는데, 기준은 다음과 같습니다.

- 총급여 5,500만 원 이하 또는
  종합소득금액 4,500만 원 이하: 16.5%

- 총급여 5,500만 원 초과 또는

  종합소득금액 4,500만 원 초과: 13.2%

예를 들어, 총급여가 5,000만 원인 근로자가 IRP에 연 900만 원을 납입하면, 16.5%의 세액공제율이 적용되어 총 148만 5천 원의 세금이 줄어듭니다. 반대로 총급여가 6,000만 원이라면, 세액공제율은 13.2%로 낮아지며, 이 경우 세액공제액은 118만 8천 원이 됩니다.

TIP
세액공제가 납부할 세금보다 크면 환급이 되지 않습니다. 따라서, 세액공제보다 적은 세금을 내는 분은 납입하기 전에 계획을 세워 조절하는 것이 필요합니다.

> **질문** 사적연금 납입혜택

IRP와 연금저축에 납입한 금액은 연말정산 시 세액공제 혜택이 있습니다. 그 공제한도가 연간 900만 원인데요, 이를 초과해서 연간 1,800만 원을 납입하는 분들이 간혹 계시는데, 어떤 이점이 있길래 많이 입금하는 걸까요?

▶▶ 이자소득세/배당소득세에 대한 과세이연 효과 및 은퇴 때까지의 강제저축 효과가 있어요.

답변

IRP와 연금저축에 매년 납입 금액 중 900만 원까지 세액공제를 받을 수 있습니다. 일반적으로 900만 원까지 납입하는 것이 절세에 가장 효과적이지만, 자산운용과 절세까지 고려하면 추가로 금액을 납입하는 것도 좋습니다.

첫째, IRP와 연금저축 내에서 운용하는 상품에 대해서는 과세가 발생하지 않습니다. 즉, 정기예금의 이자수익에 대해 이자소득세를 부과하지 않고, 국내에 상장된 해외 ETF에 대해서는 배당소득세를 부과하지 않습니다. 대신, 발생된 운용수익에 대해 연금으로 수령 시 3.3%~5.5%의 연금소득세를 부담합니다. 즉, 연금소득세율도 낮고, 운용 중에 발생할 수 있는 세금에 대한 과세이연 효과가 발생합니다.

둘째, 세액공제를 받지 않은 납입 원금은 인출할 때, 세금이 부과되지 않습니다. 예를 들어, 연금저축에 1,800만 원을 입금하고

600만 원을 세액공제 받았습니다. 운용수익 200만 원이 발생하여 총 2,000만 원을 연금으로 받을 때, 과세 대상은 세액공제 받은 600만 원과 운용수익 200만 원을 합산한 800만 원입니다. 연금소득세율 5.5%를 적용하면 44만 원의 세금을 내면 됩니다.

셋째, 연금계좌는 해지하면 세액공제 받은 금액과 운용수익에 대해 16.5%의 기타소득세를 부담해야 하기에 해지율이 다른 금융상품에 비해 현저히 낮습니다. 자동으로 은퇴 이후로 강제저축 효과가 있습니다.

TIP
운용 상품을 선택할 때 국내 주식을 추종하는 비과세 ETF보다는 해외 주식 ETF나 정기예금과 같이 과세 상품일수록 세제 혜택이 크기 때문에 꼼꼼하게 따져 보아야 합니다.

질문 퇴직연금 인출과세, 납입혜택

10년을 다니던 회사를 그만두고 퇴직금으로 5천만 원을 수령하였습니다. IRP로 받아서 연금으로 수령하면 세금의 30%를 절세할 수 있다고 들었습니다. 퇴직소득원천징수영수증을 보니 세율이 약 1.5%인데, 저 같은 경우도 연금으로 받는 것이 유리할까요?

▶▶ 퇴직금이 아닌 개인 납입액으로 입금하여 세액공제(16.5% 혹은 13.2%)를 받는 것이 유리할 수도 있습니다.

답변

퇴직금 5천만 원에 세율 1.5%를 적용하면 퇴직소득세가 75만 원입니다. 알고 계신 대로 퇴직금을 연금으로 수령하면 세금의 30%를 절감할 수 있습니다. 즉, 22만 5천 원을 아낄 수 있지요. 그러나 연금은 최소 10년(2013년 3월 1일 이전 계좌는 5년) 이상 수령해야 하기에, 1년에 약 2만 2,500원 정도의 절세 효과가 있긴 하지만 미미한 수준입니다.

만약 퇴직금을 세금 차감 후 4,925만 원으로 받아서 IRP에 개인 납입금 형식으로 6년 동안 납입(900만 원씩 5년+425만 원)하여 세액공제를 받으면, 813만 원(16.5% 가정)입니다. 이를 연금으로 수령하면 5.5%(총 271만 원)를 내면 되니, 실질적인 세제 효과는 542만 원이 됩니다. 즉, 퇴직금으로 수령하여 퇴직소득세의 30%를 감면받는 효과를 보는 것보다 519만 원이 더 유리합니다.

IRP의 퇴직금 절세 효과는 분명 유리하지만, 사례와 같이 퇴직소득세가 크지 않아 절세 효과가 미미하다면 연말정산 세액공제와 비교하여 유리한 방향으로 선택하면 됩니다.

TIP

세액공제 한도를 초과한 납입액은 다음 해로 이월하여 공제 신청이 가능합니다. 즉, IRP와 연금저축은 당해연도에 입금한 금액 중에 세액공제를 초과하여 입금한 금액은 익년 이후에 연금 사업자에게 신청하여 세액공제를 받을 수 있습니다. 예를 들어 2025년에 IRP에 1,800만 원을 입금하고 900만 원을 세액공제를 받았다면, 2026년에는 추가납부를 하지 않아도 2025년에 세액공제를 받지 못한 900만 원을 세액공제 신청하여 받을 수 있습니다. 사례와 같이 목돈이 생긴 경우 활용할 수 있는 좋은 방법입니다.

질문 퇴직연금 일시금인출 과세

퇴직연금에 가입했다가 이번에 퇴사하게 되었습니다. 퇴직금은 반드시 IRP를 통해서 받으라고 하는데, 나는 연금으로 받을 생각이 없습니다. IRP를 해지하면 세금상 손해라는데, 저 같은 경우 IRP로 퇴직금을 받으면 손해 아닌가요?

▶▶ IRP를 해지 시 퇴직금 원금에 대해서는 퇴직소득세만 부과되기 때문에, 손해가 아닙니다.

답변

퇴직금을 IRP로 수령하는 것은 근로자퇴직급여보장법에 따라 퇴직연금 가입자에게 적용되는 절차입니다. 만 55세 이후에 퇴직하는 등의 몇 가지 예외를 빼면 반드시 IRP로 퇴직금을 수령해야 합니다. 이는 근로자의 노후자금을 보호하기 위한 취지에서 마련된 절차입니다.

문제는 IRP를 해지하여 일시금으로 인출할 때 세금 부담이 발생한다는 점입니다. IRP에 입금된 퇴직금은 기본적으로 퇴직소득세가 부과된 상태로 입금되는데, 이를 중도에 해지할 때 퇴직금 원금에 대해서는 퇴직소득세가 부과되고, 운용수익에 대해서는 기타소득세(16.5%의 원천징수 세율)를 적용받아 세금 부담이 발생합니다.

하지만 중요한 점은, 퇴직금을 IRP로 수령한 직후 바로 해지하여 인출하는 때에는 추가 세금이 부과되지 않는다는 것입니다. 퇴직금은 원래 퇴직소득에 해당하므로, IRP를 통해 수령하더라도 해지하여 인출할 때 퇴직소득세율이 그대로 적용됩니다. 즉, 퇴직금 원금에 대해 퇴직소득세 외에 추가로 내야 하는 세금은 없고, 단지 해지하기 전까지 운용수익이 조금 발생하는 경우 해당 수익에 대해서만 기타소득세가 부과되기 때문에 큰 차이가 없습니다.

TIP
퇴직금을 IRP로 수령한 뒤 곧바로 해지해도 추가 세금 부담은 거의 없습니다. 다만, 운용수익이 조금이라도 발생하면 그 부분에만 기타소득세(16.5%)가 부과되므로, 해지 시점까지 기간이 길어질수록 세금이 늘어날 수 있다는 점을 유의해야 합니다. 가능하면 빠른 해지로 수익 발생을 최소화하는 것도 한 방법입니다.

질문 사적연금 일시금인출 과세

급하게 돈이 필요해서 연금저축을 찾아 쓰려고 합니다. 연금으로 받지 않고, 해지하면 어떤 불이익을 받나요? 또, 일부만 찾아 쓸 수 있을까요?

▶▶ 해지 시 16.5%의 기타소득세를 내야 하는데, 납입 시 세액공제 (16.5% 혹은 13.2%)에 따라 유불리가 달라집니다.

답변

연금저축을 찾는 방법은 본래의 연금저축의 기능인 연금 수령과 예외적인 일시금 수령으로 나눌 수 있습니다. 불이익 여부를 논하기에 앞서 두 가지 수령 시에 어떤 세금이 발생하는지 알아볼게요.

연금저축을 납입할 때 연말정산 세액공제를 받은 부분과 공제 한도를 초과하여 세액공제를 못 받은 부분으로 구분할 수 있습니다. 이를 원금이라고 하면, 연금으로 수령하거나 해지할 때 연금계좌의 평가액은 '원금(세액공제 받은 것+세액공제 받지 않은 것) +/- 운용손익'으로 바꿔 표현할 수 있습니다. 여기서 과세 대상은 '세액공제 받은 원금 +/- 운용손익'이고, 세액공제 받지 않은 원금은 과세 대상에서 제외됩니다.

연금 혹은 일시금으로 찾을 때 세금은 바로 과세 대상에 부과됩니다. 그러나 연금계좌 내에 과세 대상과 비과세 대상이 섞여 있는 경우가 있으므로, 인출 순서를 정해야 하는데, 비과세 대상이 먼저 인출된 후 과세 대상이 인출됩니다. 과세 대상이 연금으로 인출되면 5.5%~3.3%로 과세되고, 일시금으로 인출(즉, 해지)되면 16.5%

의 기타소득세로 과세됩니다.

이를 사례에 적용하면, 해지할 때 16.5%의 세금을 내는데, 납입할 때 세액공제를 받았으므로 두 세금의 크기를 비교해서 유불리를 따져 볼 수 있습니다. 만약, 납세자의 납입 시 공제율이 16.5%였다면(총급여 5,500만 원 이하 또는 종합소득금액 4,500만 원 이하) 유불리가 없고, 13.2%였다면, 3.3%만큼 불리해지는 것입니다. 그리고, 연금저축은 일부 해지가 가능합니다.

다음 표는 연금계좌(IRP, 연금저축)에서 일시금을 받을 때 발생하는 세금에 대해 정리한 표입니다. 표 내에서 ①→②→③는 과세재원이 인출되는 순서입니다.

연금계좌에서 일시금을 받을 때 발생하는 세금

구분		연금 수령	연금 외 수령
① 세액공제 받지 않은 금액		과세 제외	과세 제외
② 이연된 퇴직소득		퇴직소득세율× 70%(10년 이하) 혹은 60%(10년 초과)	퇴직소득세
③ 과세대상 금액 (세액공제 받은 납입금액 +/- 연금계좌 운용손익)	1,500만 원 이하	저율 분리과세(3.3%~5.5%)	기타소득세(16.5%)
	1,500만 원 초과	종합과세(6.6%~49.5%) 또는 분리과세(16.5%)	기타소득세(16.5%)

TIP

IRP는 연금저축과 연금 혹은 일시금을 인출 시 세금 관계는 동일합니다. 다만, 일부 해지를 위해서는 DC형 중도인출과 유사한 사유를 갖추고 IRP 사업자에게 해당 사유를 증명해야 합니다. 즉, 연금저축에 비해 일부 해지가 어렵습니다.

질문 사적연금 일시금인출 과세

IRP에 연말정산 세제 혜택을 위해 납입하고, 펀드와 ETF에 투자하였습니다. 근데 손실이 나서 IRP를 해지하였는데 세금을 내라고 합니다. 손실이 난 계좌에서 세금을 내는 게 맞나요?

▶▶ 납입 시 세액공제를 받았기 때문에 손실액이 세액공제를 받은 부분을 초과하지 않는다면 세금을 내야 합니다.

답변

앞 질문에서 알아본 연금저축과 IRP의 일시금 수령 시 과세 대상은 '세액공제 받은 원금 +/- 운용손익'임을 알아보았습니다. 사례와 같이 손실이 난 경우로 다시 과세 대상을 보면, '세액공제 받은 원금 - 운용손실'입니다. 즉, 운용손실이 발생했다 하더라도, 과거에 세액공제를 받은 원금이 운용손실을 초과한다면 세금(기타소득세 16.5%)을 내야 하는 것입니다.

예를 들어 IRP에 900만 원을 납입하면서 해당 연도에 세액공제를 받았습니다. 그리고 펀드 운용을 해서 100만 원의 손실이 발생하였습니다. 그리고 다음 해 800만 원이 된 IRP를 해지하면, 과세 대상은 800만 원이고 세금은 132만 원이 됩니다. 그리고 668만 원을 받게 됩니다. 만약, 세액공제율이 13.2%였다면 118만 8천 원의 세금혜택을 제외하고, 실제 납부액은 781만 2천 원이었을 것입니다. 즉, 총 113만 2천 원의 손실을 보게 됩니다.

물론 손실이 난 계좌에서 세금을 내는 게 불합리하다고 생각할 수 있지만, IRP는 다른 금융상품과 달리 납입 시 세액공제를 받았기 때문에 이에 대해 과세가 되는 것이라 이해하면 됩니다.

TIP

IRP와 연금저축을 일시금으로 찾을 때 내야 하는 16.5%의 기타소득세는 패널티 성격의 세금으로 봐야 합니다. 즉, 연금 수령을 유도하기 위함입니다. 따라서 단기간에 손실이 발생했다 하더라도 긴 투자를 통해 수익을 만들고 이를 연금으로 수령하는 것이 과세 측면에서 유리합니다. 그럼 IRP 중 일부만 해지할 수 있을까요? 근로자퇴직급여보장법에서 정한 사유에 해당하는 경우에만 중도 인출을 허용하는 취지를 고려할 때, IRP의 일부해지는 불가합니다.

질문 사적연금 연금인출 과세

연금수령액이 연간 1,500만 원이 넘으면 종합과세가 되어 세금을 많이 내야 한다고 들었습니다. 국민연금만으로 1,500만 원을 넘게 받는데, IRP와 연금저축까지 연금으로 받으면 세금 폭탄을 맞는 거 아닌가요?

▶▶ 종합소득에 합산되는 연금수령액에는 국민연금이 포함되지 않습니다.

답변

　IRP와 연금저축을 연금으로 받았을 때, 연간 세전 수령액의 합계가 1,500만 원을 초과하면 이듬해 5월에 종합소득에 합산하여 신고해야 합니다. 1,500만 원을 소위 '연금계좌의 연금소득 분리과세 기준'이라고 하는데, 말씀하신 내용과 달리 국민연금 수령액은 1,500만 원에 합산되지 않습니다. 오로지 연금계좌만의 합계를 그 대상으로 합니다.

　해당 연금액에 비과세 부분(납입 시 세액공제를 받지 않은 금액)이 있다면, 해당 금액을 제외하고 1,500만 원 초과 여부를 판단합니다. 그리고 1,500만 원은 세전 연금액을 따집니다. 즉, 본인의 통장에 찍힌 세후 연금액이 1,500만 원을 넘지 않았다고 해서 안심해서는 안 됩니다. 연금 수령 시에는 3.3%~5.5%가 원천징수되므로, 실수령액보다 세전 기준 연금액을 기준으로 1,500만 원 초과 여부를 판단해야 합니다. 왜냐하면 종합소득 과세 대상인데도 이를 누락하면 가산세를 내야 하기 때문입니다.

한편 국민연금은 수령액과 무관하게 종합소득 대상입니다. 연금계좌의 연금액이 조건부 종합소득인 점과 차이가 있습니다. 만약, 연금계좌가 1,500만 원을 초과하여 종합소득에 합산되고, 국민연금도 함께 수령하였다면 연금계좌와 국민연금을 합산하여 종합소득 신고를 해야 합니다.

TIP
연금계좌의 연금액이 종합소득 과세 대상이 되었을 때, 세금 부담이 16.5%를 초과한다면, 16.5%만 부담하는 분리과세를 선택할 수 있습니다. 이는 연금소득 이외에 사업소득, 근로소득 등이 커서 세금 부담이 커지는 때에 활용할 수 있습니다.

질문 사적연금 연금인출 과세

나는 세금혜택을 위해 연금을 받는 거지, 연금을 길게 받을 생각이 없습니다. 만약, IRP나 연금저축으로 연금을 받을 때 5년 동안만 받는 게 가능한지요? 가능하다면 길게(예를 들어, 10년 이상) 받는 것에 비해 어떤 패널티가 있는지 궁금합니다.

▶▶ 연금 수령 한도에 따라 최소 10년 이상 받아야 세제 혜택이 있습니다.

답변

IRP와 연금저축을 연금으로 받으면 세제 혜택이 있습니다. 예를 들어, 퇴직금의 경우에는 원래 냈어야 할 퇴직소득세의 30%(10년 초과 시 40%)를 할인해 주고, 세액공제 받은 원금과 운용수익에 대해서는 3.3%~5.5%의 저율 과세가 이루어집니다. 그러나 2년만 연금으로 받는 분들에게 세금 혜택이 주어지는 게 합리적인가요? 그럼, 3년은요? 혹은 7년은 괜찮나요? 이런 문제를 정리하기 위해 소득세법에는 연금으로 보는 한도를 아래와 같은 산식으로 정해두었습니다.

연금수령한도 = 연금계좌의 평가액/(11 - 연금수령연차) × 120%

여기서, 연금수령연차란 최초로 연금수령할 수 있는 날이 속하는 과세기간을 기산연차로 하여 그다음 과세기간을 누적 합산한 연차인데, 2013년 3월 1일 이전에 가입한 연금계좌의 경우 6년 차부터 기산합니다. 예를 들어, IRP에 퇴직금 1억 원을 입금하고 연금을 신청하면, 첫해의 연금수령한도는 1,200만 원입니다. 물론, 해당 금액 인출액까지만 연금소득으로 보는 것이니 초과 인출액은 일시금으로 보고 과세됩니다.

즉, 한도까지만 인출하는 개념이 아니고 한도까지만 연금소득으로 과세혜택을 준다는 것으로 이해하면 됩니다. 퇴직소득세율이 10%라고 가정하고, 첫해에 2,000만 원을 인출하면 세금은 164만 원이 됩니다.

1,200만 원×10%×(1-30%)+800만 원×10%=
84만 원+80만 원=164만 원

TIP
연금은 최소 10년 이상으로 길게 받아야 세금뿐만 아니라, 장기적 현금흐름에도 도움이 됩니다.

질문 사적연금 연금인출 과세

IRP와 연금저축에서 받는 연금수령액이 연간 1,500만 원을 초과하면 16.5%의 분리과세를 선택할 수 있다고 들었습니다. 세율이 일반적인 연금소득세율(5.5%)보다 높은 것 같은데, 어떤 경우에 분리과세 선택이 유리한가요?

▶▶ 연금 외 다른 종합소득(근로소득 등)이 있고 그 규모가 약 5,000만 원 정도를 넘는다면 분리과세 유불리를 계산해 보아야 합니다.

답변

연금계좌에서 과세금액(세액공제 받은 원금 +/- 운용손익)을 대상으로 연금을 수령할 때 세전 기준으로 연간 1,500만 원이 초과하면 해당 연금액이 전부 종합소득에 합산되어 과세됩니다. 다시 말하면 2025년에 위의 요건을 충족한 연금액을 1,500만 원 넘게 받으면 2026년 5월에 종합소득 신고를 해서 연금계좌에서 연금을 수령할 때 원천징수되었던 세금보다 더 내야 할 세금이 생기면 납부까지 해야 합니다. 다만, 연금소득은 연금소득공제를 제외한 금액이 종합소득에 합산되기 때문에 세전 연금수령액 전체에 대해 세금이 부과되는 것은 아닙니다. 몇 가지 예시를 통해 설명하겠습니다.

만 55세인 A는 오랫동안(5년 이상) 연말정산을 위해 납입했던 IRP에서 연금을 개시하기로 연금 사업자에게 신청하고 2025년 연금으로 3,000만 원을 수령하였습니다. A는 2026년 5월에 종합소득 신고를 다음과 같이 합니다.

<A의 2026년 5월 종합소득 신고 예시 1>

총연금액	3,000만 원	
(-) 연금소득공제	790만 원	아래 연금소득공제 표 참고
(=) 연금소득금액	2,210만 원	
(-) 종합소득공제	150만 원	
(=) 종합소득 과세표준	2,060만 원	
(×) 세율		아래 종합소득세율 표 참고
(=) 종합소득 산출세액	183만 원	
(-) 세액공제	7만 원	
(=) 결정세액	176만 원	
지방세 포함	194만 원	

A가 2025년 연금을 3,000만 원 수령함으로써 총납부해야 할 세금은 194만 원입니다. 그러나 연금을 수령할 때 5.5%(165만 원)를 이미 원천징수로 납부했으므로, 이를 기납부세액으로 차감하면 실제 추가납부할 세금은 29만 원입니다. A가 총 부담한 세금 194만 원을 세전 연금액 3,000만 원으로 나누어 보면 세율은 6.5%로 추가 세금 부담은 1%로 큰 편은 아닌 것 같습니다. 종합소득에 합산된다고 해도 크게 걱정할 것은 아닌 것 같은데요, A가 5,000만 원의 근로소득이 있다면, 세금 부담은 많이 달라집니다.

<A의 2026년 5월 종합소득 신고 예시 2>

총연금액	3,000만 원	
(-) 연금소득공제	790만 원	아래 연금소득공제 표 참고
(=) 연금소득금액	2,210만 원	
다른 종합소득금액	5,000만 원	추가된 근로소득
(-) 종합소득공제	150만 원	
(=) 종합소득 과세표준	7,060만 원	
(×) 세율		아래 종합소득세율 표 참고
(=) 종합소득 산출세액	1,118만 원	
(-) 세액공제	7만 원	
(=) 결정세액	1,111만 원	
지방세 포함	1,222만 원	

만약, 연금소득을 16.5%로 분리과세 신청한다면 근로소득만 종합과세되어 654만 원을 부담하고, 연금소득으로 495만 원을 부담하여 총 1,149만 원을 납부하면 됩니다. 분리과세 신청으로 약 73만 원의 세금을 절약할 수 있습니다.

<연금소득공제율>

총연금액	공제액(900만 원 한도)
350만 원 이하	총연금액
350만 원 초과 700만 원 이하	350만 원+(350만 원을 초과하는 금액의 40%)
700만 원 초과 1,400만 원 이하	490만 원+(700만 원을 초과하는 금액의 20%)
1,400만 원 초과	630만 원+(1,400만 원을 초과하는 금액의 10%)

<종합소득세율>

세표준	세율	누진공제
14,000,000 이하	6%	-
14,000,000 초과 50,000,000 이하	15%	1,260,000
50,000,000 초과 88,000,000 이하	24%	5,760,000
88,000,000 초과 150,000,000 이하	35%	15,440,000
150,000,000 초과 300,000,000 이하	38%	19,940,000
300,000,000 초과 500,000,000 이하	40%	25,940,000
500,000,000 초과 1,000,000,000 이하	42%	35,940,000
1,000,000,000 초과	45%	65,940,000

TIP

연금계좌의 연금소득이 종합과세되면 1,500만 원 전액이 합산됩니다. 금융소득 2,000만 원 초과분만 합산되는 것과 과세 방식이 차이가 있습니다.

MEMO

질문 사적연금 연금인출 과세

IRP에서 연금을 받다가 해지할 수 있나요? 만약 가능하다면 세금은 어떻게 내야 하나요?

▶▶ 연금수령한도를 계산하여 연금소득세를 계산하고 나머지 금액은 일시금으로 과세하되 재원의 구성에 따라 계산합니다.

답변

IRP는 연금을 받는 중에 해지할 수 있습니다. 다만, 연금이 개시되기 전 IRP와 달리 인출 순서를 고려하여 과세가 되는 방식으로 차이가 있습니다.

IRP와 연금저축에서 연금 또는 일시금을 받을 때는 아래의 순서(①→②→③)에 따라 과세됩니다.

구분		연금 수령	연금 외 수령
① 세액공제 받지 않은 금액		과세 제외	과세 제외
② 이연된 퇴직소득		퇴직소득세율× 70%(10년 이하) 혹은 60%(10년 초과)	퇴직소득세
③ 과세대상 금액 (세액공제 받은 납입금액 +/- 연금계좌 운용손익)	1,500만 원 이하	저율 분리과세 (3.3%~5.5%)	기타소득세(16.5%)
	1,500만 원 초과	종합과세(6.6%~49.5%) 또는 분리과세(16.5%)	기타소득세(16.5%)

이해를 돕기 위해 사례를 들어 보겠습니다. 만 55세인 A는 1억 원의 퇴직금을 IRP에 입금하였습니다. 퇴직소득세율은 지방소득세를 포함하여 10%입니다. A는 10년 동안 연금을 받기 위해 매년

1,200만 원의 연금을 5년 동안 받다가 6년 차 초에 5,400만 원의 IRP를 해지하였습니다. 해지 시 IRP에는 퇴직금 잔액 4,000만 원과 운용수익 1,400만 원이 남았습니다.

① 우선 6년 차의 연금수령한도를 계산합니다.

연금수령한도=연금계좌의 평가액/(11-연금수령연차)×120%
=5,400만 원/(11-6)×120%=1,296만 원

② 일시금을 인출 시 퇴직금을 먼저 인출하게 되므로 1,296만 원은 퇴직금에 대한 연금소득세를 계산합니다.

1,296만 원×10%×(1-30%)=91만 원

③ 연금수령한도를 초과하여 인출한 금액은 일시금으로 과세하는데 재원의 구성에 따라 아래와 같이 과세됩니다.

퇴직소득 부분: (4,000만 원-1,296만 원)×10%=270만 원
운용수익 부분: 1,400만 원×16.5%=231만 원
종합하면, 세금의 총계는 592만 원입니다.

TIP
연금수령한도에 분류과세 대상인 퇴직금이 있어서 세금은 낮게 과세되었지만, 퇴직금이 거의 다 인출되는 9년 차 이후에는 IRP 잔고에 운용수익만 남아있을 것입니다. 그러면 운용수익이 연금소득으로 과세되어 1,500만 원 초과 여부를 따져 종합과세 대상 여부가 결정됩니다.

질문 국민연금

국민연금의 조기연금과 연기연금에 관해 설명해 주세요.
▶▶ 각각 5년 빨리 혹은 늦게 받는 것이고, 조기(연기)에 따라 감액되거나 증액하여 연금을 받습니다.

답변

국민연금의 연금 개시 연령은 출생연도에 따라 다르며, 69년생 이후 만 65세입니다. 하지만 개인마다 은퇴 시기나 경제적 상황이 다르기에, 국민연금 수령 시기를 앞당기거나 늦출 수 있는 제도도 마련되어 있습니다. 이를 각각 조기연금 제도와 연기연금 제도라고 합니다.

<출생 연도별 국민연금 개시 연령>

	~1952년생	1953년생 ~1956년생	1957년생 ~1960년생	1961년생 ~1964년생	1965년생 ~1968년생	1969년생~
노령연금 개시연령	만 60세	만 61세	만 62세	만 63세	만 64세	만 65세
조기노령연금 신청가능연령	만 55세	만 56세	만 57세	만 58세	만 59세	만 60세
연기연금 신청 시 연기기간	만 60세 이상~ 만 65세 미만	만 61세 이상~ 만 66세 미만	만 62세 이상~ 만 67세 미만	만 63세 이상~ 만 68세 미만	만 64세 이상~ 만 69세 미만	만 65세 이상~ 만 70세 미만

먼저, 조기연금 제도는 연금을 수령할 수 있는 연령에 도달하지 않았더라도 요건을 충족한 경우, 만 60세부터 연금을 앞당겨 수령할 수 있도록 하는 제도입니다. 국민연금 가입 기간이 10년 이상이어야 하며, 수령 시기를 앞당기면 연금액이 감액됩니다. 구체적

으로는 1년 앞당길 때마다 6%씩 연금액이 줄어들며, 최대 30%까지 감액될 수 있습니다. 이러한 감액은 일시적인 것이 아니라 수령 기간 전체에 적용되므로, 신중한 판단이 요구됩니다.

이에 반해, 연기연금 제도는 연금 수령 시기를 최대 5년까지 미루는 제도로, 그에 따라 연금액이 증가하는 혜택이 있습니다. 연기를 선택할 경우, 1년당 7.2%씩 연금액이 증가하며, 최대 36%까지 증액된 연금을 수령할 수 있습니다. 연기 방식은 전체 또는 일부만 연기할 수 있습니다.

TIP
기대수명이 늘어나는 현실에서 연기연금을 선택하면 더 많은 연금을 받을 수 있습니다. 다만, 개인의 경제 사정을 고려해야 합니다.

질문 **국민연금**

저는 국민연금을 수령합니다. 연간 소득이 100만 원이 넘으면 직장 다니는 아들의 기본공제대상자로 등록이 안 된다고 들었습니다. 국민연금으로 100만 원 초과 수령자가 대부분일 텐데, 국민연금을 받으면 무조건 자녀의 기본공제대상자에서 제외된다고 생각하면 될까요?

▸▸ 연금소득공제와 2002년 이전 납입분을 제외하고 100만 원을 따집니다.

답변

연말정산 또는 종합소득세 신고 시 부모님을 기본공제 대상자로 등록하려면, 부모님의 소득금액이 100만 이하여야 합니다. 연금소득이 있는 경우 100만 원의 기준은 소득금액 기준이므로 연간 수령액에서 연금소득공제를 적용해야 합니다. 이를 적용하면 연간 연금수령액이 516만 원 이하인 때에는 소득금액이 100만 원 이하가 됩니다. 아래의 계산식을 참고하면 됩니다.

<연금소득공제>

총연금액	공제액(900만 원 한도)
350만 원 이하	총연금액
350만 원 초과 700만 원 이하	350만 원+(350만 원을 초과하는 금액의 40%)
700만 원 초과 1,400만 원 이하	490만 원+(700만 원을 초과하는 금액의 20%)
1,400만 원 초과	630만 원+(1,400만 원을 초과하는 금액의 10%)

여기에서 한 가지 더 주목할 점은, 2002년 이전에 납입한 국민연금 보험료에 대해서는 과세 대상에서 제외된다는 점입니다. 현재는 국민연금 보험료 납입액이 연말정산 시에 소득공제 대상입니다. 그러나 2001년 12월 31일 이전에는 소득공제 대상이 아니었습니다. 그래서 2002년을 기준으로 이전 납입분은 납입 시 세제 혜택을 받지 않았으므로 연금수령 시 과세대상에서 제외하는 것이고, 2002년 이후 납입분은 과세대상에 포함하는 것입니다. 이를 정리하면 다음과 같습니다.

연금소득금액 =
총연금액(2001.12.31. 이전 납입분 제외) - 연금소득공제

TIP
연금소득금액이 100만 원을 초과한다면, 일부 연기연금을 통해 금액을 낮출 수 있으니 고려해 볼 만합니다.

질문 건강보험료

국민연금과 IRP, 연금저축을 통해 연금을 받으면 건강보험료가 올라가나요?

▶▶ IRP와 연금저축과 같은 사적연금은 건강보험료 부과대상 소득에 포함되지 않고, 국민연금과 같은 공적연금은 수령액 전체에 대해 50%를 부과대상 소득에 포함합니다.

답변

지역 건강보험 가입자는 소득과 재산에 건강보험료가 부과됩니다. 건강보험료 부과 대상에는 연금소득이 포함되어 있는데, 그 범위는 어디까지일까요? 「국민건강보험법」에는 연금소득의 범위에 국민연금 등의 공적연금과 IRP, 연금저축 등의 사적연금을 포함하나, 현실적으로는 공적연금만 포함됩니다. 또한 소득세법상 연금소득을 계산할 때 과세제외분(2001년 12월 31일 이전분)과 연금소득공제를 차감하지만, 건강보험료는 이를 고려하지 않고 해당 과세기간에 수령한 연금이 전부 건강보험료가 부과되는 대상입니다. 다만, 건강보험료를 부과할 때 연금소득은 50%만 소득으로 인정합니다. 국민연금으로 한 해 1,800만 원을 수령하면 900만 원만 소득으로 보고 건강보험료를 계산합니다.

만약 자녀가 직장에 다닌다면 자녀의 피부양자로 등재할 수 있는지 확인해야 합니다. 피부양자가 되면 건강보험료는 납부하지 않고, 건강보험이 주는 혜택은 받을 수 있기 때문입니다. 피부양자가 되려면 재산세 과세표준이 5억 4천만 원 이하이고, 연 소득이 2

천만 원 이하여야 합니다. 재산세 과세표준이 5억 4천만 원 초과 9억 원 이하라면 연 소득이 1천만 원을 넘어서는 안 됩니다. 건강보험료를 산출할 때는 연금소득의 50%만 소득으로 인정하지만, 피부양자 자격을 판단할 때는 연금소득의 100%를 소득으로 인정하니 구분이 필요합니다.

TIP

퇴직 후에 건강보험료가 걱정된다면, 임의계속가입 제도를 활용해 봅시다. 퇴직 전 18개월 동안 1년 이상 직장을 다닌 가입자는 직장 다닐 때의 건강보험료와 지역가입자의 건강보험료 중 적은 금액으로 보험료를 납부할 수 있습니다. 다만, 퇴직 후 3년간 유효합니다.

저자 소개

배수득 변호사

<학력 및 자격>
한양대학교 법학과 졸업
영남대학교 법학전문대학원 졸업
고려대학교 법학과 석사, 서울시립대학교 법학과 박사 수료
제3회 변호사시험 합격

<경력>
법무법인 선정 파트너 변호사
대통령비서실 민정수석실 법률비서관실 행정관
주식회사 현대렌탈케어 이사/변호사
법무법인 청린 변호사
국회 법제사법위원회 선임비서관/변호사
백산 법률사무소 변호사
고용노동부 변호사
한국경영자총협회 변호사
고려대학교 법학연구소 연구원
세무사, 변리사 자격

<대외활동>
중소벤처기업부, 한국광해광업공단, 충남 아산시 고문변호사
한국부동산원 자문위원
세무서 국세심사위원회 위원
주식회사 비엠케이유통, 주식회사 더블미, 주식회사 체크인플리즈, 군포문화재단 자문변호사

대법원 국선변호인, 서울중앙지방법원 논스톱 국선변호인
대한변호사협회 노무변호사회 위원, 악성댓글피해자지원 위원, 입법자문위원회 위원
서울시 공익변호사단 변호사, 서울시 마포구 안심 변호사

<전문분야등록>
대한변호사협회 형사법 전문변호사
대한변호사협회 노동법 전문변호사

<수상>
대한변호사협회 우수변호사 수상
서울특별시장 표창 수상

<저서>
변호사와 노무사가 콕 집어준 노동실무(고시계사)

<소개>
배수득 변호사는 인사, 노무, 산업안전보건, 기업 경영상 형사 책임, 화이트칼라 범죄, 부패방지, 준법경영 등의 법률 자문 및 소송을 제공하고 있습니다.
배 변호사는 대한변호사협회에서 인증받은 형사법 및 노동법 전문 변호사입니다. 그동안 한국경영자총협회 변호사로 기업 법무 전반을 다루었고, 고용노동부 변호사로 권리구제 활동도 하였습니다. 실제 기업 임원으로 재직하며 경영 현장의 법무를 다루어 생생한 전문성을 보유하고 있으며, 실무에서 자문했던 내용으로 『변호사와 노무사가 콕 집어준 노동실무』를 저술하였습니다.
특히 입법부(국회 법제사법위원회)와 행정부(대통령실 민정수석실 법률비서관실)에서 근무한 풍부한 경험을 바탕으로 다양한 사건을 대리하여 성공적인 결과를 다수 이끌었습니다.

———————————————————————————— 홍웅기 변호사

<학력>
서울 한성고등학교 졸업
미국 Ithaca High School 재학
연세대학교 경영학과 졸업
서강대학교 법학전문대학원 졸업(9기)

<경력>
삼일회계법인 Deals 본부 회계사
법무법인(유) 지평 기업·금융소송그룹 변호사
대통령비서실 민정수석실 법률비서관실 행정관
대통령비서실 행정심판위원회 간사
서울지방변호사회 변호사 명예교사
현 법무법인 선정 파트너변호사
현 한국소비자원 자문변호사
현 서울지방변호사회 형사당직변호사
현 서울지방변호사회 중소기업고문변호사
현 서울지방변호사회 법원소송구조 담당변호사

<주요 저서>
2023 금융소비자보호법 해설(공저, 박영사)

<대외 활동>
개인 블로그, 유튜브 등(www.imwoong.com)

<자격 취득>
2020 대한민국 변호사, 제9회 변호사시험 합격
2013 미국 공인회계사(워싱턴 라이선스)

<소개>

홍웅기 변호사는 법무법인(유) 지평 기업·금융소송그룹에서 다양한 민사, 형사, 행정소송 및 자문 사건들을 수행하였고, M&A, PF, 구조화금융, 기업규제 등의 기업자문 업무들을 다수 담당했습니다. 조세팀(부팀) 소속으로 가사, 상속 관련 사건들도 다수 검토해 왔습니다. 이후 대통령비서실 법률비서관실에서 국정현안 및 정책 검토, 국회 및 행정부처 대응, 국가 형사, 행정소송 및 행정심판 업무 등을 수행하였습니다. 삼일회계법인 Deals 본부에서는 회계사로서 국내외 사모펀드, 금융사, 대기업 등을 상대로 M&A 주관, 재무실사, 기업가치평가, NPL 매매, 회계감사 등의 자문 업무를 제공한 경험이 있습니다.

현재는 법무법인 선정의 파트너변호사로서 기업법무, 형사/가사, 대관행정 등의 소송 및 자문 업무를 폭넓게 담당하고 있으며, 사회 권익보호 활동에도 깊은 관심을 가지고 앞장서고 있습니다.

─────────────────────────────────── 홍인기 변호사

<학력 및 자격>
연세대학교 경영학과 졸업
연세대학교 법학전문대학원 졸업(11기)
제11회 변호사시험 합격

<경력>
법무부 법무심의관실 공익법무관
인천 전세피해지원센터 법률상담 파견
공정거래위원회 송무담당관실 공익법무관

<소개>
홍인기 변호사는 법무부 법무심의관실 소속 공익법무관으로 근무하며 인격권 및 퍼블리시티권의 민법 도입, 부동산등기법 개정 등 다수의 정부 입법 업무를 수행했습니다. 주택임대차보호법, 상가임대차보호법, 집합건물법 등 여러 부동산 관련 법령들에 대한 유권해석 업무도 다수 담당하였습니다. 인천 전세사기 피해지원센터에 파견되어 전세사기 피해자들을 상대로 주택임대차 관련 법률 문제에 대한 원스톱 상담과 대응 업무도 맡았습니다.
이후 공정거래위원회의 송무담당관실 소속 공익법무관으로서 근무하며, 공정거래위원회를 당사자로 하는 다수의 행정소송 대응, 관리 업무를 수행하였습니다.
현재는 법무법인(유) 율촌의 변호사로서 다수의 소송 및 자문 사건을 담당하고 있습니다.

──────────────────────────── 유판영 공인회계사

<학력 및 자격>
성균관대학교 경제학과 졸업
제38회 공인회계사시험 합격

<경력>
신한금융그룹 신한투자증권 연금사업부
신한투자증권 퇴직연금
삼성화재 퇴직연금
비케이피엘자산운용
코람코자산운용
삼정회계법인

<저서>
퇴직연금 100% 활용하기(미래의창)

<소개>
유판영 회계사는 20년째 회계사로 활동하며 증권사와 보험사에서 퇴직연금에 대한 세제 컨설팅 업무를 수행하고 있습니다.
특히 연금 관련 세법이 본격적으로 체계화된 2013년을 전후로 연금 시장에 깊은 관심을 가지게 되었고, 그 경험을 바탕으로 『퇴직연금 100% 활용하기』를 저술하였습니다.
다양한 기업의 임직원들과 만나면서 퇴직연금에 대한 궁금증을 누구나 이해하기 쉽게 설명하고자 노력합니다.
또한 회계법인에서는 회계감사와 IFRS 도입 컨설팅을 수행하였고, 자산운용사에서는 준법감시인과 리스크 관리 담당자로 근무하며 금융시장 전반에 대한 통찰을 쌓았습니다.
이처럼 금융, 세무, 회계를 아우르는 실무 경험을 바탕으로, 많은 이들이 안정적인 노후를 준비할 수 있도록 돕는 일에 힘쓰고 있습니다.

———————————————————————————— 김담희 노무사

<학력 및 자격>
숙명여자대학교 행정학과 졸업
제24회 공인노무사 시험 합격

<경력>
서울지방고용노동청 공인노무사
공인노무법인 공인노무사
노무법인 더원인사노무컨설팅 공인노무사

<수상>
고용노동부 장관 표창

<저서>
변호사와 노무사가 콕 집어준 노동실무(고시계사)

<강의>
서울고용센터, 병무청 노동법 강의 등
전문건설협회 산업재해 업무처리 요령 강의 등

<소개>
김담희 노무사는 수년간 노무법인을 거쳐 고용노동부에서 각종 노동청 신고 사건에 대해 자문하고 기업과 개인에게 어려운 노동법을 쉽게 설명해서 이해를 돕습니다. 서울고용센터, 병무청, 전문건설협회에서 노동법과 산업재해 관련 강의를 진행했습니다.

MEMO

MEMO